JN323430

中央銀行と金融政策

熊倉 修一 著

晃 洋 書 房

はじめに

　本書は，金融政策に関する基礎的な入門書です．読者としては，大学のカリキュラムの中で初めて金融政策を学ぼうとする学生や，仕事の関係などから金融政策に関心を持ち始めた社会人などを念頭において書かれています．
　こうした人たちにとっては，もともと「金融」という経済行為になじみがないうえに，その中でも「金融政策」は，行政官庁でない中央銀行（日本では日本銀行）という極めて特殊な組織によって行われ，行政命令など強制的な手段ではなく市場を通じた経済取引によって政策目的の達成を目指すなど，さまざまな経済政策の中でも極めて特殊な位置づけにあります．しかも，金融独特の考え方を背景としており，初心者にとっては敷居が高く「とっつきが悪い」分野であることは否定できません．
　金融政策が，人びとの生活や勤め先企業の業績に直接の関係がないのであれば，そんなものを苦労して勉強する必要もないのかもしれません．しかし，承知の通り日本経済は，1990年代以降長期にわたる不況にあえいでおり，巨額の債務を抱えて身動きのとれない財政に代わって，日銀とその金融政策はそうした局面打開の先頭を走ることを求められています．その政策の巧拙，結果は，日本経済の中で実際に生活している人びとの今後の人生や暮らしを大きく左右するものであり，日銀の金融政策に関心を抱いている人はかなり多いはずです．しかし残念ながら，この両者を結び付けるのに適した書物はあまり見当たらず，その結果，毎日報道されている経済ニュースを読んでもいまひとつピンと来ない人が多いようです．
　本書は，金融政策に関心を持ち始めたそうした方々を主たるターゲットに据え，まずは金融政策の基本的な考え方，概念を理解するとともに，最終的には，ごく最近における日銀や欧米主要国中央銀行の政策動向に触れて，そうした動向の背景についての理解も深めることを狙いとしています．難解な経済理論や数式は用いていませんので，本書の内容を理解することはさほど難しくはないはずですし，本書を読み通せば，これまで「金融政策って，何だか難しそうだな」と思いこみ食わず嫌いできた人も，「なんだ，金融政策とはそういうこと

だったのか！（こんな程度のものであったのか！）」と思うようになると信じています．このような考え方に沿って著された本書を通じて，中央銀行とそれが担う金融政策についてなじみを深め，理解される人が増えることを期待しています．

　執筆に当たっては，何人かの方のご意見を頂きました．この場をお借りして感謝申し上げます．ただし，内容についてあり得るべき誤りについては，当然ながらその責任はすべて著者にあります．

　また，執筆の機会を頂いた晃洋書房編集部の丸井清泰氏に感謝の意を表したいと思います．著者の遅筆のために，当初の話し合いからかなり時間が経ってしまいましたが，この間，辛抱強く待ち，あるいは強く叱咤激励して下さった丸井氏の存在がなければ，本書は日の目を見なかったと言えます．

　最後に，私事にわたり恐縮ですが，本書を脱稿したまさにその日（2012年10月23日）に孫（大胡奏太郎）が誕生しました．新しく生まれた人間が生きていくこととなるこれからの日本の経済社会が少しでも良いものとなるために，この本で勉強された若い方々がそうした方向で活躍されることを祈って，筆を置きたいと思います．

　　2012年11月18日

　　　　　　　　　　　　　　　　　　　　　　　　　　熊　倉　修　一

目　　次

はじめに

第Ⅰ部　金融政策の基礎

第1章　金融政策と中央銀行 …………………………… 3
　1　金融政策とは何か　*(3)*
　2　世界の中央銀行　*(4)*

第2章　日 本 銀 行 …………………………………………… 9
　1　日本銀行の歴史　*(9)*
　2　日本銀行の組織　*(11)*
　3　日本銀行の機能　*(11)*

第3章　中央銀行とは何か ……………………………… 17
　1　中央銀行とは何か　*(17)*
　　　──バランス・シートから見る中央銀行──
　2　中央銀行と民間金融機関との違い　*(22)*
　3　当 座 預 金　*(27)*
　　　──取引における最大のポイント──

第4章　発券銀行としての機能 ………………………… 30
　はじめに　*(30)*
　1　銀 行 券　*(30)*
　2　経済の発展と銀行券の利用拡大　*(34)*
　3　銀行券発行のプロセス　*(36)*

第5章　銀行の銀行としての機能 … 39
1　中央銀行と民間金融機関との取引関係　(39)
2　当座預金口座の諸機能　(41)
3　金融政策の場としての当座預金口座　(45)
4　3つの通貨と金融政策　(48)

第6章　政府の銀行としての機能 … 53
1　政府の経済活動と中央銀行　(53)
2　政府の経済活動と中央銀行当座預金　(54)
3　日本政府による外国為替市場への介入について　(56)

第7章　資金需給の判断とその調節 … 60
1　当座預金口座残高の増減とその理由　(60)
2　資金需給の判断とその調節　(63)

第8章　短期金融市場金利の決定 … 67
1　さまざまな金融市場　(67)
2　短期金融市場とオーバーナイト取引　(68)
3　オーバーナイト取引金利水準はどのように決まるのか？　(68)
4　日銀の資金供給オペレーション　(71)
5　金融政策を決定する場　(72)
6　預金準備率と金融政策　(74)

第9章　政策金利と金利体系 … 77
1　金利体系（イールド・カーブ）　(77)
2　政策金利の変更とイールド・カーブの変化　(78)

第10章　金利水準の変更と経済活動への影響 … 82
1　中央銀行の目的と金融政策の理念　(82)
2　激しい物価変動の弊害　(82)
3　金利水準の操作と経済への影響　(85)
4　金融政策のジレンマと中央銀行の独立性　(88)

第Ⅱ部　金融危機と金融政策

第11章　日本経済の歩んできた道 …………………………………… 95
──高度経済成長を経てバブル経済の発生へ──
- はじめに　(95)
- 1　第2次世界大戦の終戦から戦後復興へ　(95)
- 2　高度経済成長　(97)
- 3　バブル経済の発生　(101)

第12章　バブル経済の崩壊と不良債権問題 ……………………… 106
- 1　バブル経済の崩壊　(106)
- 2　不良債権問題の発生　(108)
- 3　不良債権と金融機関の経営破綻　(109)
  ──金融危機の発生──

第13章　ゼロ金利政策 …………………………………………………… 116
──その効果と限界──
- 1　ゼロ金利政策への移行　(116)
- 2　ゼロ金利政策の狙い　(117)
- 3　ゼロ金利政策の効果と限界　(118)
- 4　円キャリー取引　(120)

第14章　量的緩和政策 …………………………………………………… 125
──その狙いと効果，そして限界──
- 1　量的緩和政策の導入　(125)
- 2　量的緩和政策の特徴　(128)
- 3　量的緩和政策の実際　(130)
- 4　量的緩和政策の狙いと限界　(132)
- 5　量的緩和政策の評価　(134)
- 6　リーマン・ショック以降の対応策　(135)
  ──再び当座預金口座残高の漸増を経て包括的金融政策の実施へ──

第15章 インフレ・ターゲット論 …………………………………… 141
1 金融政策の目標とその達成手段　(141)
2 インフレ・ターゲット政策　(143)
3 インフレ・ターゲット政策への賛否　(145)
4 日米欧におけるインフレ目標導入の動き　(146)
5 日本におけるインフレ・ターゲット政策の導入　(147)

第16章 時間軸政策 …………………………………………………… 150
1 時間軸政策とは何か　(150)
2 中長期的な物価の安定について　(152)
3 時間軸効果がもたらしたもの　(154)

第17章 金融機関のプルーデンス政策と中央銀行 ………………… 156
はじめに　(156)
1 金融機関のリスク　(156)
2 金融機関の倒産とその波及・連鎖の防止の必要性　(159)
3 金融機関のプルーデンス政策　(161)
　　――事前的措置――
4 金融機関のプルーデンス政策　(164)
　　――事後的措置――
5 自己資本比率規制　(168)

第18章 世界的金融危機と中央銀行の対応 ………………………… 173
1 世界的な金融危機の発生　(173)
2 金融危機発生の基本的な背景　(176)
3 各国中央銀行の対応策とその考え方　(177)
4 ユーロ危機とその背景　(180)

第19章 中央銀行の悩み ……………………………………………… 184
　　――成熟経済社会における中央銀行政策の意義と限界――

さらに学びたい方への推薦図書　(189)
索　　引　(191)

図表・Box 目　次

〈図〉

図 5-1　日本の準備預金制度の実際　　(*44*)
図 6-1　政府預金と金融機関当座預金との口座間の振替　　(*54*)
図 9-1　最近の日本の金利体系（イールド・カーブ）　　(*77*)
図 9-2　政策金利の変更とイールド・カーブの変化（イメージ）　　(*79*)
図 9-3　長期金利の変更とイールド・カーブの変化（イメージ）　　(*80*)
図10-1　インフレーションの概念図　　(*84*)
図10-2　デフレーションの概念図　　(*84*)
図10-3　フィリップス曲線　　(*89*)
図11-1　高度経済成長期の好循環　　(*98*)
図11-2　高度経済成長期の金融政策　　(*99*)
図12-1　株価の推移（日経平均株価，月末日の終値）　　(*107*)
図12-2　公示地価の動向　　(*107*)
図12-3　不良債権の処理額と経営への影響　　(*112*)
図13-1　無担保コールレート（オーバーナイト物）の推移 (1986-2012年)　　(*117*)
図13-2　政策金利の引き下げと長期金利の低下（イメージ）　　(*118*)
図13-3　円キャリー取引の事例　　(*121*)
図14-1　日銀の量的緩和政策の推移　　(*127*)
図14-2　金利体系の下方推移（イメージ）　　(*129*)
図14-3　バランス・シートで見る日銀オペレーション　　(*131*)
図14-4　民間金融機関のポートフォリオ・リバランス　　(*132*)
図14-5　無担保コールレート（オーバーナイト物）の推移 (2005-2012年)　　(*136*)
図14-6　外国為替相場の推移 (1992-2012年)　　(*138*)
図15-1　消費者物価の推移　　(*142*)
図17-1　金融機関の経営破綻の連鎖（イメージ）　　(*160*)
図17-2　自己資本比率規制の景気増幅効果　　(*170*)

〈表〉

表 1-1　主要国の中央銀行　　(*5*)
表 1-2　アメリカの地区連銀　　(*7*)
表 2-1　日本銀行が当座預金取引契約を締結している金融機関数　　(*13*)
表 3-1　日本銀行のバランス・シート (2011年3月31日現在)　　(*21*)

表3-2　日本銀行のバランス・シート（2012年3月31日現在）　(21)
表8-1　さまざまな金融市場の類別　(67)
表8-2　日銀による実施オペレーション等一覧（2012年9月現在）　(72)
表11-1　経済安定九原則およびドッジ・ラインの骨子　(96)
表11-2　日本の実質GNP成長率の推移（その1）　(100)
表11-3　日本の実質GDP成長率の推移（その2）　(103)
表12-1　1990年代における金融機関の経営破綻の主な事例　(113)
表12-2　1990年代の金利の引き下げ　(115)
表13-1　経済成長率の推移（実質GDPベース）　(116)
表14-1　2000年代の日本の経済成長率の推移　(133)
表15-1　金融緩和政策の種類とその手段，目標　(141)
表15-2　インフレ・ターゲットの政策の種類とその手段，目標　(143)
表15-3　インフレ・ターゲット政策の導入事例　(145)
表15-4　日米欧中央銀行におけるこれまでの物価見通しの内容　(146)
表17-1　金融機関が抱える可能性のあるリスク　(157)
表17-2　プルーデンス政策の類型　(160)
表17-3　早期是正措置　(164)
表18-1　アメリカにおける今次金融危機への対応策　(178)

〈Box〉

Box 1　中央銀行の名前　(6)
Box 2　ドルの司祭　(6)
Box 3　世界の四大中央銀行　(8)
Box 4　国立銀行と現在の銀行　(10)
Box 5　ベースマネー　(19)
Box 6　中央銀行の通貨（銀行券）供給機能　(29)
Box 7　貨幣の3つの機能　(31)
Box 8　マネー・ストックの定義　(50)
Box 9　短資会社（Broker）　(69)
Box 10　高度経済成長期の日本経済と金融政策の効果　(86)
Box 11　現在の日本経済と金融政策の限界　(87)
Box 12　資産価格の上昇と中央銀行の対応　(104)
Box 13　自己資本　(110)
Box 14　マイナス金利　(123)
Box 15　日銀の当座預金口座における超過準備額への付利について　(140)

Box 16　FRB の時間軸政策　　(154)
Box 17　ヘルシュタット・リスク　　(158)
Box 18　自己資本比率規制の歴史とその内容　　(171)

第Ⅰ部

金融政策の基礎

第Ⅰ部「金融政策の基礎」では，中央銀行とは何か，金融政策が担っている機能は具体的にどのようにして発揮されるのか，といった基本的な概念や，それが持つ政策としての独特の特徴などについて詳細に説明します．これを通じて，金融政策の基本的概念を正確に理解することを目指します．

　ここで説明する金融政策の手段や狙いなどに関する基本的な概念は，第Ⅱ部で詳細に触れるような今日実際に行われている金融政策の姿からみると，遠くかけ離れており知る必要もないように思われるかもしれません．しかし，現代の金融政策を的確に理解するためにも，中央銀行の機能の基本的な姿，とくに金融機関の中央銀行当座預金口座の機能（それは金融市場そのものです）とこれを通じた中央銀行の政策的な働きかけについては，その具体的なイメージをつかみ，きちんと理解しておくことが不可欠です．

　基本的な概念についての理解がなければ，現在行われている金融政策を的確に把握することは難しいでしょうし，逆に基礎的な概念の上に立てば，複雑と思われる現代の金融政策についても理解することは容易なはずです．

第1章　金融政策と中央銀行

1　金融政策とは何か

　本書は，全体を通して「金融政策とは何か？」という疑問に答えようとするものです．その具体的な内容については，全体を通して読んで理解して頂きたいと思いますが，ここで取りあえずその疑問に答えるとすれば，やや抽象的になりますが，中央銀行が行う以下のような一連の経済行為とその相互連関の動きを指す，と言うことができます．

　すなわち，

① 中央銀行がその資産・負債の構成を変化させる．
② その変化が，中央銀行と取引を行っている民間金融機関の資産・負債の構成に影響を与える．
③ そのような民間金融機関の資産・負債の構成変化が経済社会（例えば日本円が通用しているわが日本経済）における金利水準に影響を及ぼす（金利水準を上下させる）．
④ さらに，そのような金利水準の変化は，まず短期的には経済社会全体における財・サービスの総需要の大きさを変化させ，さらにもう少し時間が経つと総供給（これは総生産であり総販売であり総所得でもある）の大きさも変化させる[1]．
⑤ こうした総需要，総供給の変化を通じて最終的に経済社会全体の物価水準を安定させる（これは通貨の価値が安定していることでもある）[2]とともに，生産・所得・雇用状況など，いわゆる景気を安定化させることを目指す．

　このように，中央銀行は，自らの資産・負債構成の変化を通じて経済社会の

中の金利水準を変化させ,その金利水準の変化を通じてさらに経済社会における財・サービスの総需要・総供給に影響を与えて,最終的には物価の安定(つまり通貨価値の安定)を目指すことを目的として金融政策を遂行しています.

したがって,経済社会における財・サービスの総需要・総供給に影響を与えて,その水準を変化させる,という意味では,金融政策も,政府が行うマクロ経済政策(財政政策など)の一環を成していると言えます.ただし,金融政策は,それが中央銀行という,政府から独立し,少し離れた特殊な組織(省庁や公団などの政府機関ではなく,さりとて純粋の民間企業でもない)によって行われる,という意味で,経済に関する諸政策の中では極めて独特の存在であることは間違いありません.

2　世界の中央銀行

金融政策について説明することは,その政策を実施している中央銀行とは何か,という問題を論じることに通じます.そこで,世界にはどのような中央銀行が存在し,活動しているのか,まずこの点を理解しましょう.なお,日本の中央銀行である日本銀行については次章で詳しく触れます.

(1) 世界の主要な中央銀行

世界にはどのような中央銀行があるのか,簡単に説明しましょう.なお,いずれの国にも中央銀行,あるいはそれに類した金融機関組織が存在していますが,ここでは金融政策を考えていくうえで注目され,本書の中で触れることが多い主要国の中央銀行に限定しています.

表 1-1 に示したように,世界の中央銀行は,民間金融機関から発展したケース(イングランド銀行など),国家によって当初から中央銀行として設立されたケース(日本銀行など)など,その創設の経緯や当初の目的はさまざまです.しかし,いずれの中央銀行も,現代ではだいたい同じような中央銀行業務を行っています.

(2) アメリカとヨーロッパの中央銀行——その特殊な性格——

ただし,多くの点で業務内容が共通化している現代の諸中央銀行の中にあって,アメリカ(連邦準備制度)と欧州連合(ヨーロッパ中央銀行)の中央銀行は,

表1-1 主要国の中央銀行

国 名	中央銀行名	創設年	特 徴
スウェーデン	スウェーデン国立銀行 (リクス・バンク： Sveriges Riksbank)	1668	世界最古の中央銀行と言われています．
イギリス (連合王国)	イングランド銀行 (BOE: Bank of England)	1694	もともと民間銀行の1つでしたが，イギリス国王（ウイリアム3世・メアリ2世）の軍事費を捻出する代わりに銀行券発行権限を得て事実上の中央銀行としてスタートし，発展しました．
フランス	フランス銀行 (Banque de France)	1800	フランス国内の通貨を統一するために，ナポレオンが創設しました．
ベルギー	ベルギー国立銀行 (Banque nationale de Belgiue)	1851	その組織上の特徴，建物ともに，この後すぐに創設された日本銀行のモデルとなったと言われています．
日 本	日本銀行 (BOJ: Bank of Japan)	1882	明治維新後から猛威をふるっていたインフレを治めるために，明治政府によって設立されました．
アメリカ	連邦準備制度 (FRS: Federal Reserve System)	1913	中央銀行が存在せず，民間の大銀行が中央銀行的な役割を担っていましたが，1907年金融恐慌により中央銀行制度の必要性が高まり，設立されました．
ド イ ツ	ドイツ連邦銀行 (Deutsche Bundesbank)	1957	ドイツは第2次世界大戦前に超インフレを経験したことから，物価の上昇（通貨価値の下落）には最も敏感な中央銀行です．
EU（ユーロ圏）	ヨーロッパ中央銀行 (ECB: European Central Bank)	1998	欧州連合（EU）域内の共通通貨ユーロの創設に伴い創設された中央銀行です．ユーロ圏全体の金融政策を一手に担っています．

(注) 創設順．創設年は中央銀行業務を開始した年．
(出所) 各中央銀行のホームページなどから作成．

日本などとは大きく異なる国家・地域的特殊性が背景にあることから，独特な立場と組織を有しており，こうした点は金融政策を理解するうえでも念頭に入れておく必要があります．

① アメリカの連邦準備制度

連邦準備制度は，連邦準備制度理事会（Board of Governors of the Federal Reserve System または Federal Reserve Board（FRB），ワシントンD.C.）と12の連

6　第Ⅰ部　金融政策の基礎

> **Box 1**　　　　　　中央銀行の名前
>
> 　国名を冠した銀行は中央銀行であることが多いです．例えば，Bank of England（イングランド銀行）やBank of Japan（日本銀行）などがそれに該当します．
> 　しかし，必ずそうであるとは限らず，Bank of America（アメリカ銀行）やDeutsche Bank（ドイツ銀行）などのように純粋民間金融機関の場合もあるので，注意が必要です．
> 　主要国の中央銀行の名前は意識して覚えておくようにしましょう．

> **Box 2**　　　　　　ドルの司祭
>
> 　世界の基軸通貨として用いられている米ドルの金利水準（政策金利の水準）の決定など，金融政策の方針はFRBの傘下にある連邦公開市場委員会（FOMC）が決定し，その決定には連邦政府も介入できない高い独立性を有しています．
> 　ただ，FOMCの議長はFRB議長が務めますし，金融政策の決定に際しては，FRB議長の考え方は絶大な影響力を及ぼしていると言われており，アメリカのみならず世界の政府や金融市場関係者がその考え方に注目しています．メディアも日頃からFRB議長の発言には最大限の関心を寄せ大きく報道します（微妙な発言の変化が大きく報道され，それによって世界の金融市場の動向が大きく影響を受けることもあります）．
> 　このため，FRB議長は「ドルの司祭」と言われることがあります．

邦準備銀行（Federal Reserve Banks: FRBs，地区連銀）から構成されています．

　一般の中央銀行総裁にあたるポストは連邦準備制度理事会議長であり，大統領が任命します（上院の承認が必要）．現在の議長はプリンストン大学の金融論の教授であったB. バーナンキ（Ben Bernanke）です．

　12の地区連銀（**表 1 - 2**）は，例えば同一様式のドル紙幣の発行など担当州（地区）での中央銀行業務を担います．しかし，金利水準の決定などは連邦準備制度下に置かれる連邦公開市場委員会（FOMC: Federal Open Market Committee）が行います（FOMCについては第 8 章で説明します）．地区連銀の中でも，最大の金融市場ニューヨークにあるニューヨーク連銀が最も重要な機能を発揮しています．

表1-2 アメリカの地区連銀

地区連銀名	本店所在州名	地区連銀名	本店所在州名
Atlanta	Georgia	Minneapolis	Minnesota
Boston	Massachusetts	New York	New York
Chicago	Illinois	Philadelphia	Pennsylvania
Cleveland	Ohio	Richmond	Virginia
Dallas	Texas	San Francisco	California
Kansas City	Kansas	St. Louis	Missouri

(出所) 各連邦準備銀行のホームページなどから作成.

② ヨーロッパ中央銀行

EUの共通通貨ユーロの金利水準を決定する中央銀行として創設された最新の中央銀行です（本店はドイツ・フランクフルト）．ただし，金融政策の骨格はECBで決定しますが，フランス銀行，ドイツ連邦銀行など各国の中央銀行は存続しており，それぞれの国における中央銀行業務を行っています．

インフレに対して極めて敏感であるドイツ連邦銀行の伝統を受け継ぎ，ヨーロッパ中央銀行も物価情勢に鋭敏で，金利政策決定におけるEUや各国政府からの独立性は極めて高いと言われています．

金融政策の議論，決定は，総裁，副総裁，専務理事（4名）とユーロ通貨国17カ国の中央銀行総裁の計23名で構成される理事会が行っていますが，やはり政策決定に当たっては，総裁の考え方が大きな影響を及ぼしているようです．現在の総裁はM.ドラギ（Mario Draghi，経済学者，元イタリア銀行総裁）です．

なお，イギリスはEUに所属していますが，共通通貨ユーロを用いず，従来通りポンド（スターリング・ポンド）を使用しています．したがって，イギリスではヨーロッパ中央銀行とは独立してイングランド銀行が金融政策を行っています．さらに，スイスは周囲を完全にEU諸国に囲まれていますが，EUには参加しておらず，通貨は従来通りスイス・フランを用いています（中央銀行はスイス国立銀行）．

注

1） 金利（i）が上昇すると総需要は減り，金利（i）が低下すると総需要が増大する．その総需要の変動を通じて最終的には総供給も変化させる，という関係があります．
2） 物価水準が上昇することは通貨価値が下落することであり，逆に物価水準が低下することは通貨価値が増えることです．

Box 3　世界の四大中央銀行

　中央銀行は金融政策の決定を通じてそれぞれの国内経済に大きな影響力を及ぼしますが，その国の経済力やその国に所在する金融市場での取引量の大きさなどから，とくにFRB（アメリカ），ECB（EU），BOJ（日本），BOE（イギリス）といった中央銀行の政策決定の内容は，その国内にとどまらず国際金融市場に大きな影響を与えています．これらの中央銀行が世界四大中央銀行と言われる所以です．

第2章　日本銀行

　第1章では世界の主要な中央銀行について説明しました．本章では，中央銀行に関する理解がさらに深まることを目指して，日本の中央銀行である日本銀行について詳しく説明します．

1　日本銀行の歴史

　日本銀行は，1882（明治15）年に制定された日本銀行条例に基づき，日本の中央銀行として創設されました．

　それ以前は，明治維新後の黎明期であり，金融経済制度としてもさまざまな試行錯誤が繰り返されましたが，特筆するべきは1872（明治5）年の国立銀行条例により，全国に多くの民間銀行（国立銀行という名前の私立銀行）が創設されたことです．

　この国立銀行はいずれも独自の銀行券を大量に発行しました．また，同時に巨額の政府紙幣[1]が発行されていました．いずれにしても，紙幣の発行は，後で学ぶようにほとんどコストをかけずに資金を集めることができる非常に重宝な手段であり，資金が不足する政府や銀行は一斉に大量の紙幣を発行して資金調達に走りました．しかし，このような巨額の紙幣の濫発の結果，国内経済は激しいインフレーション（物価の上昇，貨幣価値の下落）に見舞われ，殖産興業などの国策を遂行するうえでも大きな障害に陥っていました．

　こうした危機的状況への対応策として，中央銀行を設立してインフレ収束に当たらせるべきであるとの大蔵卿・松方正義の建議により，日本銀行が設立されたのです．日銀は銀行券を発行する唯一の銀行として創設され，民間銀行による銀行券の発行は禁止されました．日銀は，発行した日銀券を見合いに巨額の国立銀行紙幣，政府紙幣を購入し消却した結果，さしものインフレも終息に向かいました．

> Box 4　　　　　　　　国立銀行と現在の銀行
>
> 　明治の初期に，元藩主，各地の士族や富農などが資金を拠出するなど，さまざまな背景をもった多くの銀行が国立銀行条例に基づく国立銀行として設立され，設立順にナンバリング（第一国立銀行，第二国立銀行など）されました．
> 　国立銀行はその後さまざまな変遷を経ましたが，一部には現在にまで至り，下記のようにわが国金融界の有力な担い手として存在している銀行も散見されます．
>
> - 第一国立銀行……後の第一勧業銀行（現在のみずほ銀行）．
> - 第四国立銀行……新潟県に第四銀行の名で現存．
> - 第十六国立銀行……岐阜県に十六銀行として現存．
> - 第十八国立銀行……長崎県に十八銀行として現存．
> - 第十九，第六十三の両国立銀行……後に合併して，長野県に八十二銀行として現存．
> - 第七十七国立銀行……宮城県に七十七銀行として現存．
> - 第百十四国立銀行……香川県に百十四銀行として現存．

　このように日本銀行は明治政府によって創設されたため，政府の政策に沿った金融政策を求められる中央銀行としての性格を，その創設当初から一貫して帯びていたと言うことができます．

　さらに，1942（昭和17）年に至り，日本銀行法（旧法）が制定されました．これは前年に勃発した太平洋戦争の遂行支援のために，政府の政策に従う形の中央銀行としての業務遂行が期待されたためです．ただ，1945（昭和20）年に戦争が終了した後も，この法律が施行されたままとなっていた結果，戦後の金融政策も政府の関与，影響を大きく受けて実施されたことは否定できません．

　その後，バブル経済の崩壊の影響から1990年代後半に多くの金融機関の経営が破綻したことを受けて，中央銀行の政策の独立性を確保することの重要性が強く認識された結果，1998（平成10）年に新たな日本銀行法が施行され，現在に至っています．この新日銀法により，日銀は晴れて政府から独立した金融政策の遂行が可能となる立場を得ましたが，現在でも，欧米の中央銀行と比べると，政府とはかなり協調的であることは否定できません．

2　日本銀行の組織

　日銀の金融政策の方針は，日本銀行政策委員会が議論して決定します．[2] 政策委員は総裁，副総裁（2名），審議委員（6名）の計9名から成り，いずれの委員も国会の同意を経て内閣が任命します．政策委員会の議長は委員の互選ですが，これまでは慣行で総裁が務めています．総裁は決定会合で決まった方針にしたがって実際の金融政策を遂行する責任を負いますが，他の中央銀行と同じように，金融政策決定会合における議論の方向や決定内容に事実上大きな影響力を及ぼしており，その考え方や発言には他の政策委員に増して多大な関心が寄せられます．

　政策委員会で決定された方針に従って，総裁の統括の下で実際に金融政策などを遂行しているのが日本銀行の諸組織であり，東京都中央区に所在する本店と全国に散在する32の支店から成っています．そのほかに，北海道の小樽市には金融資料館があります．[3]

　本店は16の局室から構成されています．

　支店はだいたい各県に1カ店（支店のない県もあります）設置され，担当地域内にある民間金融機関と当座預金取引などを行っています．その地域経済が必要とする銀行券は，取引先民間金融機関を通じて支店から供給されています．

　支店の中でも大阪支店（大阪市中央区）は最大の支店であり，被災などにより東京の本店が業務遂行不能になった場合のバック・アップ機能を備えた，西日本における日銀業務の拠点です．

3　日本銀行の機能

　日本銀行も，中央銀行としての3大機能（銀行券の発行，銀行の銀行，政府の銀行）を果たしています．中央銀行が果たす3大機能については，後章でくわしく触れますが，これに先立ちここでは日銀の実態に即して説明します．

(1)　銀行券（日銀券）の発行

　前述のように，日本で銀行券を発行できる金融機関は日本銀行のみです．日銀券に限らず金融機関の発行する銀行券の本来の役割は，その金融機関の資金

調達の手段であり，日銀が発行する銀行券（日本銀行券，日銀券）は日銀にとっては負債（借入金）です．ただし，負債には通常は利子を支払うものですが，日銀にとっては借入金であっても利子を払う必要がありません．つまり，日銀はほとんど無コストで資金を調達できる立場にあります．

日銀券は，法貨（法で定められた貨幣：legal tender）として個人，企業，公共体が行うすべての経済取引において無制限で通用します．無制限で，というのは① あらゆる公的，私的取引で通用する，② どのような金額でも通用する，という意味です．日銀券が法貨であることは，下記のように日銀法第46条に定められています[4]．このように日銀券が法貨として用いられることにより，現在の経済社会ではすべての経済取引が極めて効率よく行われているのです．

〈日本銀行法〉
　（第1条）　日本銀行は，我が国の中央銀行として，銀行券を発行するとともに，通貨及び金融の調節を行うことを目的とする．
　（第46条）　日本銀行は，銀行券を発行する．
　　②　前項の規定により日本銀行が発行する銀行券（以下「日本銀行券」という．）は，法貨として無制限に通用する．

現在発行されている日銀券は千円券，二千円券，五千円券，一万円券の4種類ですが，このうち二千円券はほとんど流通していません[5]．現在の日銀券の総流通額は，日によって異なりますが[6]，おおよそ70-80兆円に達しています．

日銀は，銀行券の偽造防止などのために，銀行券のクリーン度を高く保つために頻繁に新札と交換する努力をしており，このため，銀行券のクリーン度はおそらく世界で一番ではないかと思われます[7]．

なお，現代社会では，中央銀行券とともに貨幣（コイン）が現金として用いられています．日本では，コインは銀行券の補助的役割を担うものとして政府が発行しています（このため正式には補助貨と言われます）．政府が発行するものですが，実際には日銀から民間金融機関に渡される形で経済社会に流通していきます．現在は1円，5円，10円，50円，100円，500円の貨幣が発行されています（それ以外に，金額が大きな記念硬貨が発行される場合もあります）．ただし，貨幣はかさばると重たくなるなどのデメリットが生じるので，一回の使用に当たっての枚数制限（20枚）があります．また，コインは，金額はわずかながら，政府の資金調達手段（つまり政府の負債）です．銀行券と同じく政府の負債（借

表 2-1　日本銀行が当座預金取引契約を締結している金融機関数

(2012年3月末現在)

銀　行〈都銀，地銀，第二地銀，ゆうちょ銀行，など〉	128	協同組織金融機関の中央機関〈信金中金，労働金庫，農林中金，全信組連〉	4
信託銀行	17	証券会社・証券金融など	41
外国銀行の在日支店	55	短資会社	3
信用金庫	262	証券取引所・銀行協会など	44
		総　　　　計	554

(出所)　日本銀行ホームページより作成．

入金)でありながら，政府は利子を払う必要がありません．

(2) 通貨特権と日銀の収益

　前記のように，銀行券は日銀が資金を調達する手段ですが，負債に対する利子を支払う必要がありませんので，その資金調達コスト(銀行券の発行コスト)は，ゼロではないにしても印刷代などごくわずかです．この銀行券発行という資金調達手段を使って有利子の国債など多大な資産を保有することができるわけです．したがって，その結果，日銀は巨額の収益を得ることができる資金構造を有しています(これを通貨特権と言います)．

　通貨特権を発揮して得られた収益は，準備金などとして日銀内部で留保しておく分を除いて，国庫に納付されます．その金額は通常は極めて大きく，財源難に悩む政府によっても大きな収入源となる場合があります．ただし，例えば円高が進展し日銀が保有する外貨建て資産に為替評価損が生じるなど，日銀に何らかの損失が生じる(あるいは収益が減る)と，その分だけ国庫納付金が減るので，政府にとっては収入減であり，税金を失うことと同じ状態となります．

(3) 民間金融機関との取引関係——銀行の銀行としての機能——

　日銀は民間金融機関と当座預金取引を行っています．日銀が当座預金取引契約を締結している金融機関数は表2-1に示すように550を超え，日本の金融機関はほぼ網羅されています．

　民間金融機関は日銀に当座預金口座を開設し，他の金融機関や政府との間での資金決済はこの日銀当座預金口座を通じて行われます．例えば，A銀行がB銀行に100億円を支払う場合には，日銀はA銀行の日銀当座預金口座残高から100億円引き落とし，B銀行の当座預金口座残高に100億円を加えます．これに

よってA銀行はB銀行への支払い決済を最終的に行ったこととなるのです．

当座預金取引は，日銀からみると民間金融機関から資金を調達していることとなりますが，日銀当座預金には利子がつかないので[8]，銀行券と同様に，日銀は民間金融機関から無コストで資金を調達できることとなります．

また，日銀が民間金融機関との間で行う諸取引（貸出，国債などの売買）も，その代金資金の受け渡しは当座預金口座を通じて行いますので，後章で詳しく説明するように，日銀はこうした当座預金口座の機能を利用して金融政策（短期金融市場金利を操作）を行っているのです．

(4) 民間金融機関との取引関係（考査）

前記のように，日銀は当座預金口座という機能を民間金融機関に提供して，金融機関同士の資金決済での便宜を図っています[9]．この結果，民間金融機関にとっては，日銀当座預金口座の機能は他の金融機関などとの資金決済に不可欠であり無くてはならないものとなっており，日銀に当座預金口座を開設できることは，一人前の金融機関であることを証明するものともなります．

しかしながら，日銀当座預金口座を持つ金融機関の経営が怪しくなる（倒産のおそれが生じる）と，金融機関同士の資金決済も円滑にいかなくなるおそれが生じますし，万が一にも資金の支払い不能となった金融機関が生じたら，その支払い不能はあっと言う間に他の金融機関に波及する可能性があります．

そこで，日銀は，当座預金取引を行っている（すなわち日銀に当座預金口座を開設している）金融機関の経営内容について，金融機関内部への立ち入り調査を含め定期的にチェックしています[10]．金融機関はさまざまな問題を抱える可能性が常にありますが，考査を通じて経営内容に問題が発見された金融機関に対しては，日銀はその是正を求めます．実際には，金融機関が抱えている不良債権の大きさ，すなわち回収不能となった貸付金額の把握が考査実施の最大の目的となっており，金融機関に対しては不良債権を早期に処理することを求めます．日銀の取引先金融機関は，当座預金口座を利用できるメリットを享受しますが，その一方で，こうした考査を受けなくてはいけない義務が生じるのです．

なお，アメリカの連邦準備銀行は日銀を上回る強力な考査権限を有し，対象金融機関に対して厳しい考査を実施しています．一方，イングランド銀行，ヨーロッパ中央銀行などはこれまでのところ金融機関に対する検査権限を持っていません（リーマン・ショック後の世界的な金融危機への反省から，これらの中央銀

行に金融機関の監督権限，考査権限を付与しようとの議論が進み，実施に向っています）．

(5) 政府との取引
——国庫金の取り扱いや国債発行事務など，政府の銀行としての機能——

　日銀は，政府の資金の管理事務，すなわち国庫金事務を一手に取り扱っています．そのために，日銀と政府との間でも当座預金契約が締結され，政府預金口座が設けられています．政府に関する資金の収入，支出行為のすべては日銀における政府預金口座を通じて行われます．また，日銀は国債発行に関する事務も政府に代って行っていますが，その資金の出し入れもすべて日銀における政府預金口座を通じて行われます．

　政府への収入金の流れを交通反則金の事例で説明しましょう．取り締まりの結果，交通違反キップを切られた反則者は，民間金融機関の店頭で反則金を払いますが，反則金はその金融機関の日銀当座預金口座残高から引き落とされ，同時に日銀はその反則金を政府預金口座に振り込みます．これで反則者が最終的に政府に反則金を支払ったこととなるのです．

　次に，政府からの支出金の流れを公的年金支払いの事例で説明します．政府が公的年金を支払う際には，日銀は政府預金からその金額を引き落とし，民間金融機関の当座預金に振り込みます．受け取った民間金融機関は，その年金額を自行にある年金受給者の口座に振り込み，これによって政府から年金が支払われたこととなります．

　なお，これまでの説明にある「政府」は中央政府（日本国政府）を指していますが，都道府県や市町村など地方公共団体の資金の取り扱いについても同様の機能が必要とされます．その場合には，その地域内に所在する金融機関（都道府県ならば都市銀行や地方銀行，市町村ならば地銀に加えて信用金庫などが多い）が当該地方公共団体の中央銀行として機能します．こうした金融機関は指定金融機関と言われます．

注
1) 政府が発行する紙幣．太政官札と呼ばれました．
2) 政策委員会は日銀の最高意思決定機関で，日銀に関する多くの事柄について議論し決定していますが，金融政策を議論し決定する政策委員会をとくに「金融政策

決定会合」と言います．
3） 金融資料館は，2002（平成14）年9月に廃止された旧小樽支店の建物を利用したもので誰でも見学ができます．
4） 銀行券には流通期限がありませんので，過去に発行された日銀券も有効です．ただし，金融機関では券面に記載された金額として通用しますが，実際の経済取引で使われるケースは少ないです．むしろ，過去に発行された希少価値のある銀行券の中には骨董的価値が生じて，コイン商や骨董屋で高く売買されているものもあります．
5） なぜ流通しないのか本当の理由は分かりませんが，日本国民はこの二千円券が使いづらいと感じているようです．
6） 月末日，年末年始，連休，企業の給与支給日などといった季節要因によって流通額が増えます（その季節要因がなくなると再び流通額は減ります）．また，流通額は景気の状況によっても変わり，経済活動が活発になる（景気が良い）と流通額は増え，不活発になる（景気が悪くなる）と流通額は伸び悩みます．さらに，金融機関の破綻などによる経済的な不安感，震災などによる心理的不安感が高まると，個人や企業の現金需要は大きく膨らむ傾向があります．
7） 御祝儀には新しいお札を求めるなど，汚れていないきれいな銀行券を強く好む国民性があり，こうした点も日銀が銀行券のクリーン度合いを常に高く保つ背景となっています．
8） 2012年末時点では法定準備預金額を超える当座預金残高には年率0.1%の利子が付いていますが，これは臨時措置です．
9） このような機能を備えた預金口座によって，日銀は民間金融機関に対して，きわめて効率的な金融機関間の決済システムを提供していることになります．
10） このチェックを考査といいます．中央銀行による考査については第17章で再び触れます．

第3章 中央銀行とは何か

本章では，中央銀行とは何か，どのような機能を発揮している組織なのか，という疑問について考えてみましょう．

1 中央銀行とは何か
――バランス・シートから見る中央銀行――

(1) 中央銀行の経済取引

中央銀行は，民間金融機関あるいは政府を取引相手として，以下のような経済的な取引を行っています．

① 資金を貸し出す，あるいは有価証券（国債など）を購入し保有するといった資金運用行為によって，取引相手が必要としている資金を供給している[1]．

どのように資金運用を行っているか，すなわちどのような手段によって取引相手に資金をどのくらい供給しているかを示しているのが，中央銀行の貸借対照表（バランス・シート）の資産欄の項目と金額です．

② 貸し出した資金，あるいは購入した有価証券の代わり金はいずれも，取引相手が中央銀行に預けている口座に振り込まれ[2]，これによって取引相手は必要な資金を受け取る．

供給された資金の大きさは，中央銀行の負債である当座預金口座残高，およびそこから引き出された銀行券残高によって示されます[3]．

(2) 中央銀行の経済取引とバランス・シート

このような中央銀行の経済取引はすべて，そのバランス・シートに記載されるので，バランス・シートの記載内容とその変化を見れば，中央銀行の経済的

な取引の現状とその変化の状況がはっきりと分かりますし，その結果，中央銀行がどのような金融政策を行っているかという点についても理解することができきます．

中央銀行のバランス・シートについて，資産，負債の各勘定別に説明しましょう．

まず，バランス・シートの資産項目には，中央銀行が保有する資産の種類とその残高（金額）が計上されており，これによって中央銀行が自らの資金をどのように運用しているか（すなわち，どのような手段で取引相手に資金を供給しているか）が分かります．

民間金融機関などに資金を貸し出す場合には，その金額は「貸付金」に計上されます．貸し出した資金は民間金融機関が中央銀行に預ける当座預金口座に振り込まれるので，当座預金口座の残高が同額増えます．

これにより，
中央銀行のバランス・シートでは，民間金融機関に対する「貸付金」という資産が増え，同時に「当座預金」という負債も同額増えます．
一方民間金融機関のバランス・シートでは，「借用金」という負債が増え，同時に「中央銀行預け金（当座預金）」という資産が同額増えます．

また，民間金融機関から有価証券を購入し，その有価証券を保有する場合を考えてみましょう．こうした場合に購入金額が最大なものは中央政府の借用書である国債です．その購入金額は「国債」に計上されます．中央銀行が国債を買い取ると同時に，その代わり金がその民間金融機関の当座預金口座に振り込まれますので，当座預金残高が同額増えます．

これにより，
中央銀行のバランス・シートでは，「国債」という資産が増え，同時に「当座預金」という負債も同額増えます．
一方民間金融機関のバランス・シートでは，「国債」という資産が減り，同時に「中央銀行預け金（当座預金）」という資産が同額増えます．つまり，民間金融機関側では，資産項目が「国債」から「中央銀行預け金（当座預金）」に替わっただけで，負債項目は全く変化しません．

次に，バランス・シートの負債項目について見てみましょう．すでに触れたように，貸し出した資金，あるいは購入した有価証券の代わり金はいずれも，

Box 5　ベース・マネー

　個別の民間金融機関は，預金を集めたり，他の金融機関から借り入れたりすれば必要な資金を獲得することができますが，これは資金が金融機関間を移動しているだけです．民間金融機関全体として新たに追加的な資金が必要な時には，中央銀行からその金額を新たに供給してもらう必要があります．

　その場合には，中央銀行から借り入れるか，中央銀行に保有国債などを売却するしか他に手段がなく，いずれの方法によっても，当座預金口座の残高が増えることによって資金が供給されます．このように，当座預金口座の残高の増加分は，中央銀行が民間金融機関全体に新たに追加供給した根源的な資金（貨幣）です．また，その国の経済の中で必要な銀行券は，こうして追加された当座預金口座残高を取り崩さないと入手できません．

　このため，当座預金口座の残高（およびその変形である民間金融機関から引出されて市中で流通している銀行券残高）は，中央銀行によってのみ供給される，との意味でハイパワード・マネー（high powered money，高権貨幣），あるいはベース・マネー（base money）と言われます．中央銀行は貸出などを通じて，民間金融機関にベース・マネーを供給しているのです．

取引相手が中央銀行に預けている口座（当座預金口座）に振り込まれます．供給された資金の大きさは負債項目の当座預金口座の残高によって分かります．この場合，取引相手は，供給された資金はとりあえず当座預金口座においておきますが，同時にこれは，中央銀行が取引相手から資金を預かっていることとなります．このように，バランス・シートの負債項目は，中央銀行がどのようなかたちで資金を集めているかを示しています．

　さらに，民間金融機関は，当座預金口座残高のうちの一部を取り崩して銀行券として引き出し，顧客からの預金引き出しに備えます[4]．銀行券が引き出されると，「発行銀行券」として計上され，当座預金残高が同額減ります．このように，銀行券は当座預金口座の残高の代わりに発行されるものであり，当座預金口座の残高と同様に，中央銀行にとっては負債であり，中央銀行が民間金融機関などからどのくらい資金を借用しているかを示すものであることを覚えておきましょう．

　なお，このほかに，表3-1，表3-2に示すように，資本金（1億円），準備金（過去の利益の内部留保分）などの資本勘定の項目がありますが，金額はさほど大きくなく，激しく変化することもありません．とくに資本金の1億円は，

昭和17（1942）年に旧日銀法が制定された際に定められた金額を踏襲しているもので，現在では日銀への信認を左右するような実質的な意義はありません．1億円のうち55％は政府（財務大臣）が保有し，残りは一般の人や企業が保有しています．その保有権は日銀出資証券のかたちで転売されています．出資証券の保有者は日銀から配当を受けますが，一般の株式とは異なり，日銀の経営，政策に対する発言権，支配権は一切ありません．

(3) 日本銀行のバランス・シートとその変化

次に，具体的に日銀の最近のバランス・シートを見て，政策の実施状況と，それがバランス・シートにどのように反映されるか，みてみましょう．

表3-1は2011年3月31日の日銀のバランス・シートを示しています．これによれば，日銀は総額143兆円の資産を保有しており，その内訳としては56兆円の貸付金と77兆円の国債がほとんどを占めています．すなわち，これまで説明してきたように，民間金融機関への資金供給のほとんどは資金の貸付と国債購入によって行われていることが分かります．

一方，負債欄を見ると，負債のほとんどは発行銀行券（81兆円）と民間金融機関からの当座預金（41兆円）です．すなわち，民間金融機関は日銀からの借り入れ，あるいは日銀への国債売却などによって総額120兆円を超える当座預金口座残高（およびその代わりに引き出した銀行券）を保有していることを示しています．

さらに，資本の欄をみると，前述のように資本金はわずか1億円ですが，引当金勘定および準備金が6兆円近くあります．この結果，負債および資本金の合計額は資産総額と同じ143兆円に達するわけですが，改めて言いますが，そのほとんどは当座預金口座残高と発行銀行券残高で占められています．

このような日銀のバランス・シートが1年後にはどのように変化したでしょうか．表3-2は2012年3月31日の日銀のバランス・シートです．資産総額は140兆円弱で，前年同様にそのほとんどは貸付金（39兆円）と国債（87兆円）によって占められています．

一方，負債欄についても前年と同様で，負債のほとんどは発行銀行券と民間金融機関からの当座預金です．すなわち，民間金融機関は日銀からの借り入れ，あるいは日銀への国債売却などによって総額115兆円を超える当座預金口座残高（およびその代わりに引き出した銀行券）を保有していることを示しています．

表3-1 日本銀行のバランス・シート（2011年3月31日現在）

（単位：兆円）

資　　産		負債および純資産〈資本〉	
金地金	0.44	発行銀行券	80.92
現　金	0.39	当座預金	40.75
国　債	77.29	政府預金	2.35
社　債	0.20	売現先勘定	12.29
信託財産株式	1.50	雑勘定	0.79
貸付金	56.13	資本金	1億円
外国為替（外貨資産）	5.23	引当金勘定	3.23
雑勘定	0.58	準備金	2.67
合　計	142.92	合　計	142.92

（出所）　日本銀行統計より作成．

表3-2 日本銀行のバランス・シート（2012年3月31日現在）

（単位：兆円）

資　　産		負債および純資産〈資本〉	
金地金	0.44	発行銀行券	80.84
現　金	0.35	当座預金	34.43
国　債	87.24	政府預金	1.83
ＣＰ	1.59	売現先勘定	14.39
社　債	1.99	雑勘定	0.75
信託財産株式	1.46	資本金	1億円
貸付金	38.99	引当金勘定	3.23
外国為替（外貨資産）	6.02	準備金	2.68
雑勘定	0.57		
合　計	139.64	合　計	139.64

（出所）　日本銀行統計より作成．

　さらに，資本の欄をみると，資本金1億円，引当金勘定および準備金が6兆円近くあり，資本欄は前年とほとんど変化がありません．いずれにしても，負債および資本金の合計額は資産総額と同じ140兆円近くに達するわけですが，そのほとんどは当座預金口座残高と発行銀行券残高で占められていることには変わりがありません．

　ただし，この2つのバランス・シートを詳しく比べてみると，この1年間の日銀の金融政策の実態とその変化が如実に示されています．

　まず，資産面をみると，貸付金が1年間で56兆円から39兆円へ17兆円ほど減っています．これは東日本大震災発生に伴う緊急措置の影響です．日銀は，2011年3月11日に生じた東日本大震災の直後から3月末までの短期間に総額

115兆円に達する膨大な資金を金融機関に供給して，金融機関の資金繰りの安定化をサポートしました．こうした資金は年度末にはかなり回収されましたが，年度を越した資金も多く，このため2010年度末のバランス・シートの貸付金残高は高くなっているのです．逆に，国債保有残高は77兆円から87兆円へ10兆円近く増えています．これは，2011年度に入ってからの金融緩和措置（長期国債の購入増加による資金供給）に伴うものです．

つぎに，負債欄をみると，発行銀行券は若干減ってはいるものの，両年ともに80兆円を超える高い水準が維持されています．これは，大震災以降，日本人の現金保有志向が一段と強まり，その結果銀行券発行残高が高止まりしているためだと思われます．この間，当座預金は6兆円ほど減っていますが，これは，前記のような貸付金の減少（すなわち当座預金残高の減少）と国債購入の増加（すなわち当座預金残高の増加）の差額が反映されたものです．

(2)の冒頭で，バランス・シートの変化を見れば，中央銀行の経済的な取引の現状とその変化の状況がはっきりと分かると述べましたが，前記の2つの表を見比べれば，2010年度末の大震災への対応策やその後の金融緩和措置の実施などの影響が，日銀のバランス・シートには明確に表れていることが理解されると思います．

2　中央銀行と民間金融機関との違い

(1)　中央銀行と民間金融機関はどのように異なるのか

これまで述べてきたように，中央銀行は貸出などを実施し（その結果，資産項目が増える），その代わり金を当座預金口座に振り込む（その結果，負債項目も同額増える）ことによって，民間金融機関などに資金を供給しています．

一方，民間金融機関も，取引企業や個人に貸出を行い，その代わり金を預金口座に振り込むことによって，取引企業や個人に対して資金を供給しています．企業や個人はこの振り込まれた資金を用いて財・サービスの購入などの経済活動を行っているのです．

こうした限りでは中央銀行も民間金融機関もまったく同じ資産・負債行動をとっているのですが，決定的に違うのは，中央銀行は自ら銀行券を発行できるのに対して，民間金融機関は自らの銀行券を発行できないことです．

すなわち，一般に金融機関が貸出を行えば同額の預金が増え，増えた預金

（あるいはその預金が引き出された形の銀行券）は経済取引に用いられます．金融機関は貸出（信用供与）を通じて経済社会に必要な通貨を創造できるのです（通貨創造）．第2章で述べたように，日本でも，かつて明治期の初めにはいずれの国立銀行も自らの銀行券発行が認められていたので，銀行は無制限に貸出を行い，その結果市中ではさまざまな種類の膨大な銀行券が流通し，極端なインフレーション（物価の上昇＝通貨・銀行券の価値の下落）が生じました．同様に，政府も紙幣（太政官札）をどんどん発行し，インフレーションを増幅しました．多くの国でのこうした苦い経験を踏まえて，現在ではほとんどの国が基本的に銀行券の発行は中央銀行に限っています．[6]

　中央銀行にとっては，資金を供給した結果生じた当座預金口座の残高は原則として無利子であり，また当座預金残高から引き出される銀行券にも利子はつけません．この結果，負債項目である当座預金口座残高および銀行券発行残高は，いくら巨額であっても負債として抱えるコストがほとんどゼロなのです．一方，資産項目をみると，貸出金利，あるいは国債クーポンなどの資産運用利益を手に入れることができます．これは無コストで資金調達を調達し有利子の運用ができることを意味し，このような銀行券を発行できる特権を中央銀行の通貨特権（シニョレッジ：seigniorage）と言います．通貨特権によって中央銀行は多くの利益を得ることができるのです．

　一方，民間金融機関は貸出を行った代わり金を預金として預かったら，その預金には利子を付与しなくてはなりません．すなわち，預金などの資金を調達する場合には調達コストがかかるのです．民間金融機関は預金金利に一定の利鞘を上乗せして貸出金利を設定しますので，その限りでは必ず収益を得ることができるのですが，預金金利を支払わねばならない以上，その収益の幅は限定されます．

　また，民間金融機関は自らの銀行券を発行できませんが，預金者への預金払い戻しや企業への支払いなどで多くの銀行券が必要となります．不足する分は中央銀行から調達するしかありません．もちろん金融機関は，預金として受け入れた銀行券を預金の払い出しに充てることはできますし，ある程度の銀行券を多額の預金引き出しなどに備えて保有しています．しかし，銀行券の保管はコストがかさむ（金庫などの設備）ので，必要最低限の銀行券を保管しているに過ぎず，それを超える水準の銀行券引き出し需要が生じた時には，中央銀行から調達して対応しています．その場合には，中央銀行に預けている当座預金口

座の残高を崩して所要の銀行券を引き出すしかなく，銀行券を引き出したい金融機関は事前にその分の中央銀行当座預金残高を保有している必要があります．つまり，この当座預金口座の必要残高を事前に確保するために，民間金融機関は多大な努力を払うのです．

(2) 民間金融機関はどのようにして銀行券を手に入れるのか

それでは，民間金融機関はどのようにして所要の銀行券を入手しているのでしょうか．その方法は，だいたい4つのケースに分けて考えられます．中央銀行，民間金融機関それぞれのバランス・シートの変化を追ってみましょう．

[ケース1]

民間金融機関が中央銀行から貸出（ここでは100借り入れるとします）を受け，その借り入れた資金をすべて銀行券として引き出す場合です．

中央銀行のバランス・シートでは，資産として貸付金が100増えて，同時に負債の当座預金が100増えます．さらに，その増えた当座預金は全額銀行券として引き出されますので，負債項目は当座預金から発行銀行券の増加100に替わります．

民間金融機関のバランス・シートでは，負債として中央銀行借用金が100増えますが，同時に中央銀行預け金（当座預金）の残高も100増えます．さらに，この増えた中央銀行預け金（当座預金）の残高を取り崩して銀行券を受け取りとりますので，資産としては現金が100増えます．これによって民間金融機関は中央銀行から借り入れた100を全額銀行券として入手したこととなります．

中央銀行のバランス・シートの変化

| | → | 貸付金+100 | 当座預金+100 | → | 貸付金+100 | 発行銀行券+100 |

民間金融機関のバランス・シートの変化

| | → | 中央銀行預け金+100 | 中央銀行借用金+100 | → | 現　金+100 | 中央銀行借用金+100 |

[ケース 2]

　民間金融機関が中央銀行から100を借り入れ，とりあえずその借り入れた資金の一部を必要に応じて取り崩して銀行券を引き出す場合です．

　中央銀行のバランス・シートでは，資産として貸付金が100増えて，同時に負債の当座預金が100増えます．さらに，その増えた当座預金のうち一部（ここでは50）が必要に応じて銀行券として引き出されると，負債項目は100増えた当座預金のうちの50が発行銀行券の増加に替わり，当座預金の増加分は50にとどまります．

　民間金融機関のバランス・シートでは，負債として中央銀行借用金が100増えますが，同時に中央銀行預け金（当座預金）の残高も100増えます．さらに，この増えた中央銀行預け金（当座預金）の残高のうち50を取り崩して銀行券を受け取りとりますので，資産としては現金が50，中央銀行預け金（当座預金）の増加は50に減ります．これによって，民間金融機関は中央銀行から借り入れた100のうち50を銀行券として入手したこととなります．

中央銀行のバランス・シートの変化

		→	貸付金+100	当座預金+100	→	貸付金+100	当座預金+50 発行銀行券+50

民間金融機関のバランス・シートの変化

		→	中央銀行預け金+100	中央銀行借用金+100	→	中央銀行預け金+50 現　金+50	中央銀行借用金+100

[ケース 3]

　民間金融機関が保有している有価証券（ここでは国債100）を中央銀行に売却し，その代金をすべて銀行券として引き出す場合です．

　中央銀行のバランス・シートでは，資産として国債が100増えて，同時に負債の当座預金が100増えます．さらに，その増えた当座預金は全額銀行券として引き出されますので，負債項目は当座預金から発行銀行券の増

加100に替わります.

民間金融機関のバランス・シートでは，保有していた国債100を売却してその代金100を得ますので，国債100がなくなり中央銀行預け金（当座預金）の残高が100増えます．さらに，この増えた中央銀行預け金（当座預金）の残高を取り崩して銀行券を受け取りますので，資産としては中央銀行預け金100がなくなり現金が100増えます．これによって民間金融機関は保有していた国債100の替わりに全額銀行券として入手したこととなります[7]．

中央銀行のバランス・シートの変化

| → | 国 債＋100 | 当座預金＋100 | → | 国 債＋100 | 発行銀行券＋100 |

民間金融機関のバランス・シートの変化

| → | 中央銀行預け金＋100 国 債－100 | | → | 現 金＋100 国 債－100 | |

[ケース4]

民間金融機関が保有している有価証券（ここでは国債100）を中央銀行に売却し，その代金のうちの一部をとりあえず必要に応じて銀行券として引き出す場合です．

中央銀行のバランス・シートでは，資産として国債が100増えて，同時に負債の当座預金が100増えます．さらに，その増えた当座預金のうち50が銀行券として引き出されますので，負債項目は当座預金の増加50と発行銀行券の増加50となります．

民間金融機関のバランス・シートでは，保有していた国債100を売却してその代金100を得ますので，国債がなくなり中央銀行預け金（当座預金）の残高が100増えます．さらに，この増えた中央銀行預け金（当座預金）の残高のうち50を取り崩して銀行券を受け取りますので，資産としては国債がなくなり現金が50増え，さらに中央銀行預け金50が残ります．これによって民間金融機関は保有していた国債100の替わりに銀行券50を入手した

こととなります。[8]

中央銀行のバランス・シート変化

		→	国　債＋100	当座預金＋100	→	国　債＋100	当座預金＋50 発行銀行券＋50

民間金融機関のバランス・シートの変化

		→	中央銀行預け金＋100 国　債－100		現　金　＋50 →　中央銀行預け金　＋50 国　債－100

3　当座預金
　　　――取引における最大のポイント――

　これまで見てきたように、民間金融機関にとっては、中央銀行から銀行券を入手するためには、とりあえず当座預金口座の残高を取り崩す必要があります。そして、その残高が潤沢にあれば（残高を十分置いておけば）、そこから必要な銀行券はいつでも引き出せることなります。当座預金口座の残高の範囲内であれば、中央銀行はこの銀行券の引き出しを拒めないことは言うまでもありません。これは、預金残高の範囲内であれば、個人が ATM からいつでも現金を引き出せるのと全く同じ状況です。

　また、金融機関は他の金融機関との間で多くの巨額の資金の貸借をしていますが、こうした資金の決済も各金融機関の中央銀行当座預金の間の振替えで行われていますので、こうした資金の決済を支障なく行うためにも、当座預金口座に所要の残高が確保されていることが必要です。

　したがって、民間金融機関にとっては、中央銀行の当座預金口座にどの程度の残高を置いておくかは、非常に重要な問題なのです。すなわち、中央銀行当座預金は原則無利子なので、必要以上の残高を当座預金口座に置いておくことは無駄です。しかし、銀行券の入手や金融機関間の資金決済などに必要な残高はその都度必ず確保しておく必要があり、金融機関は常にこの両方の観点を踏まえて悩むこととなります。

この場合において，当座預金口座残高が不足する金融機関は他の金融機関から借り入れて所要の残高を確保しようとします．この場合には，借り入れる側は借入金利（インターバンク金利）を支払う必要があり，資金不足の緊迫度によってはインターバンク金利が上昇する場合もあります．中央銀行がこれを容認すれば，インターバンク金利はそのまま上昇しますが，インターバンク金利の上昇を容認できない場合には，中央銀行は貸出や国債買い入れなどにより，資金を必要としている民間金融機関に資金を供給し，インターバンク金利の上昇を阻止します．

　このように中央銀行は，所要の中央銀行当座預金残高を何としてでも確保したい民間金融機関の事情を利用して，貸出や国債購入などの資金供給（あるいは回収）手段を使って，インターバンク金利水準を操作しようとするのです．つまり，第1章の冒頭で述べたように，中央銀行は当座預金口座を通じて，

① 中央銀行がその資産，負債の構成を変化させ，それにより，
② 中央銀行と取引を行っている民間金融機関の資産，負債構成に影響を与え，それにより，
③ その経済社会（例えば日本円の通用している日本経済）の金利水準に影響を及す（金利水準を上下させる），

という一連の行為を行っており，まさにこれが金融政策なのです．

注
1） 経済情勢によっては，資金を供給するのではなくて，貸し出した資金の返済を求めたり（資金の回収），有価証券を売却したりするなど，取引相手から資金を吸収することもあります．
2） 中央銀行預け金は，日銀のように利子が付かない当座預金口座であることが多いので，本書では以下当座預金口座と言います．
3） 取引相手から資金を吸収する場合には，これらの残高は減ります．
4） 民間銀行は，自らの預金者からの預金引き出しにはいつでも直ちに応じなければなりません（預金はあくまでも預金者のものだからです）．しかし，いつも自らの金庫に銀行券を用意している訳にはいかず（巨額の銀行券を常に用意しておくのは膨大なコストがかかります），必要に応じて中央銀行当座預金残高の一部を取り崩して銀行券を入手するのです．
5） 逆に，2011年度末にはこうした緊急供給資金はすでにかなり回収されたので，2010年度末に比べて貸付金残高は減っています．

6) イギリス（連合王国）ではイングランド銀行券が法貨（スターリング・ポンド）ながら，歴史的経緯や民族的事情などから，スコットランドの3銀行，北アイルランドの4銀行（いずれも民間銀行）が独自のポンド銀行券を発行して，それぞれの地域に限って流通しています．ただし，発行に当たっては資産として同額のイングランド銀行券を保有することが義務付けられており，正確に1対1の比率でイングランド銀行券に代わって流通しているに過ぎません．
7) このケースでは民間金融機関の負債項目には全く動きがなく，資産項目が国債→中央銀行預け金→現金と同額変化していくだけです．
8) このケースでも民間金融機関の負債項目には全く動きがなく，資産項目が国債→中央銀行預け金→中央銀行預け金および現金と同額変化していくだけです．

Box 6　中央銀行の通貨（銀行券）供給機能

　経済が発展，拡大していくと，経済取引の件数，金額の増大に伴って，必要とされる銀行券の量は枚数，金額ともに急速に増大します．

　しかし，金融界全体で流通している銀行券（銀行券発行の前提となる中央銀行当座預金口座残高）の量は変わりません．これを増大させるためには，Box 5 で述べたように，中央銀行が新たに金融界にベース・マネーを供給しなくてはなりません．

　このため中央銀行では，民間金融機関に対して貸出を行い，あるいは民間金融機関保有の国債を購入することで，その代わり金をその金融機関の当座預金口座に振り込み，その金融機関および金融界全体の当座預金口座残高を増やしてやる必要が生じます．そして金融機関が，増大した当座預金口座残高を取り崩すことによって，初めて必要な銀行券を中央銀行から引き出していくのです．日本においては，こうした経済取引の拡大に伴って必要とされる通貨を経済界に供給するとの観点から，毎年日銀は一定額の国債の買い入れによる資金供給を行っている（現在は，毎年約22兆円）．

第4章　発券銀行としての機能

はじめに

　現代の中央銀行は，3つの大きな機能を発揮しています．すなわち，①発券銀行としての機能，②銀行の銀行としての機能，③中央政府の銀行としての機能の3つです．世界のいずれの中央銀行も，この3つの機能を利用してその国における金融政策を遂行しているのです．この3つの機能について理解することは，中央銀行とは何か，中央銀行が行っている金融政策とは何か，という疑問について理解を深めることにつながります．

　まず本章では，このうちの発券銀行としての機能について取り上げ，銀行券とは何か，それはどのようにして現代的な紙幣に発展してきたのか，中央銀行はどのようにして銀行券を発行するのか，といった点について見てみましょう．

1　銀　行　券

(1) 法貨としての中央銀行券

　すでにこれまでも述べたように，ほとんどの国が，銀行券（紙幣，お札）を発行できる金融機関を事実上中央銀行に限っており，民間，公的を問わず，中央銀行以外の金融機関は銀行券を発行できません．

　中央銀行が発行する銀行券，すなわち中央銀行券（以下では銀行券）は，すべての経済取引で無制限に用いることができると法律で定められている，すなわち法貨（legal tender）であるとされている国が多く，この結果，その国における経済取引を効率化しその発展に大きく貢献しています．第2章で見たように，日本では日本銀行法第46条において，日本銀行が銀行券を発行すること，その日本銀行券は法貨として無制限に通用することが規定されています．

> **Box 7** 　　　　　　　　**貨幣の3つの機能**
>
> 　貨幣（紙幣を含む）は，経済取引において，以下のように3つの機能を発揮して，経済取引の発展に寄与していると言われています．
>
> 　①モノやサービスにどのくらいの経済的な価値が備わっているかを示す（価値尺度の機能）
> 　②同等の価値のモノやサービスとの交換を行う（価値の交換手段の機能）
> 　③いずれ他のモノやサービスと交換するまでの間に，自分が保有する価値をキープする（価値の蓄積手段としての機能）

(2) 銀行券の一般的受容性

　中央銀行が発行する銀行券は単なるペーパーに過ぎませんが，他のペーパーではモノやサービスを購入することはできません．なぜ銀行券だけは，あらゆる経済取引において無制限に通用し，モノやサービスをたやすく購入することができるのでしょうか？　逆に言えば，なぜ，誰もがその受け取りを拒まないのでしょうか？

　それは，当然のことながら，誰もが中央銀行券の受け取りを拒否しないからです．誰もが受け取ってくれるからです．これを一般的受容性があると言います．それを受け取れば，自分がそれを使ってモノやサービスを購入することができるからであり，人びとは，このような疑問について真剣に考えなくても，これまでの経験から，銀行券には一般的な受容性が備わっていることを知っているからです．

　では，なぜ紙幣には一般的な受容性が備わっているのでしょうか？　それに答えるためには，貨幣の発展の歴史を簡単に振り返る必要があります．貨幣（あるいは紙幣）の歴史は，Box 7 に示した貨幣が有する3つの機能がどのように洗練されたかたちで発揮されるようになったか，それを辿ることとなります．

　有史以前から，人びとは，他の人が持っている何かあるものを欲しいと考えた時には，（力づくで手に入れることを除けば）今自分が持っているものを他の人と交換して，最終的に自分が欲しいものを手に入れる，というプロセスを経る必要がありました．つまり物々交換です．しかし，物々交換は，相手と自分とが，相互に欲しいものを同時に持っていなければ成り立たず，実際上は非常に効率が悪く不便です．

したがって，歴史上のかなり早い段階から，純粋の物々交換は廃れ，貝殻，羊，牛，馬，あるいは大きな丸い石，といったように，誰もが「これは非常に価値があるものだ」との共通認識を持てるものを決めて，その「非常に価値があるもの」と自分が持っているものを交換し，そのうえで，最終的に自分が欲しいものを手に入れる，というプロセスに入りました．こうした際に交換対象として使われるものは，実際に人びとの生活上無くてはならない現物が多いので，「商品貨幣」と言われます．

やがて西洋でも東洋でも，「非常に価値がある」ものとして貴金属（金や銀）に統一され，これを使い始めるようになります．言うまでもなく，貴金属は美しく，希少価値があり，誰もが欲しがります．また，牛や馬のように死んだりせず，簡単に形が崩れることもなく，「非常に価値があるもの」としてキープし易いというメリットがあります．しかし，逆に，貴金属は重く，盗まれやすく，保管に手間がかかるという大きな欠点があります．そこで，中世のヨーロッパでは，貴金属を一か所の金庫（信頼できる銀行）に預け，代わりに預かった貴金属の所有権を示したペーパーを発行してもらい，そのペーパーを使って他の物との交換（物品代金の支払い，代金の受け取り）が行われるようになりました．こうした金庫が発展して現在の銀行となったのです．そして，この貴金属を預かった証明書が銀行券として幅広く流通するようになったのです．つまり，銀行券は貴金属を預かった銀行が発行する預かり証であり，銀行から見ると，貴金属をその所有者から一時的に預かった証明書であり，借用書なのです．このことから銀行券は，預かった貴金属をいつかはその所有者（あるいは最初の所有者から所有権を譲られた他の人かもしれません）に返す必要があるという意味で，銀行の負債であるのです．ただ，銀行は金庫の設置など貴金属を保管するコストがかかりますし，預かっている間は銀行が自由に用いることができますので，銀行は，預かっている間に，その貴金属を第三者に貸し出すなどして（資産運用し），利益を得ようとします．

こうした経緯から，貴金属を預かる銀行と，それが発行する預かり証（銀行券）を人びとが信用し，その預かり証を銀行にもっていけばいつでも銀行は預かっている貴金属を返してくれるとの信認がある限り，人びとは，貴金属そのものに代わり，銀行券をあらゆる経済取引に使うようになりました．貴金属をいちいち持参して経済取引をすることは非常に非効率であることは明白ですので，貴金属そのものの価値だけを重視する人でも，銀行券を入手し，それを銀

行に持参すればいつでも貴金属を入手できるとの確信がある限り，わざわざ重たい貴金属を用いず，銀行券で代替するようになります．こうして，貴金属，中でもとくに金や銀の代わりに銀行が銀行券を発行するようになり，金本位制（あるいは銀本位制）が発展しました．

ただ，貴金属本位制では，銀行が発行できる銀行券の金額が，預かる貴金属の量に制限されることとなります．その結果，経済取引量が次第に拡大しても，発行される銀行券の量は限定されるというデメリットが生じることとなりました．とくに，金の量には限りがあるので，いずれの国でも経済が発展するにつれて，金本位制（gold standard system）の限界に直面することとなります．

現在の経済社会では，銀行券を発行できる銀行が中央銀行に限定されるとともに，前記のような貴金属本位制の限界を打破するために，「非常に価値がある」ものも，貴金属に限らず国債（国の借用書）など有価証券にも拡大しています．現に，現在ではいずれの中央銀行であっても，預かっている金融資産の中では，国債が圧倒的なウエイトを占めようになりました．貴金属ではなく有価証券などを預かって（資産として保有して），その見合いとして発行される銀行券でも，中央銀行によってしっかりと管理されていると人びとが信用している限り，その銀行券は流通します．現代の銀行券は，一般的受容性をもつ貨幣がこのように発展して到達した姿であると言えましょう．

(3) 銀行券の一般的受容性の背景にあるもの

現代では，多くの国の国民がその国の中央銀行が発行した銀行券を信用し，使用しています．日本では，偽札でない限り，誰もが日本銀行券の一般的受容性を信じており，その受け取りを拒否する人はまずいないでしょう．

しかし，それはなぜでしょうか？　日銀券について言えば，第3章で見た日銀のバランス・シート（表3-1，表3-2を参照）でも分かるように，銀行券発行の裏付けとなる資産はほとんどが日本の国債です．すなわち人びとは，（個々人ははっきりと意識しているわけではありませんが）発行銀行券の見合いに国債という資産を日銀が保有していることから，日銀券を安心して保有し使っているのです．しかし，国債は日本国が借金するために発行する借用書であり，その国債を信認するということは，その国債の価値が減らない，つまり国家が最後は徴税権を行使して税金を取り立てて，それによって国家の借金は返済される．国債は単なる紙屑にはならない，と人びとが信じていることとなります．

このように，管理通貨制度下の銀行券の信認は，銀行券の見合いとして中央銀行が保有する資産（多くは国債）の健全性に依存しています．もし人びとが国債の価値が保たれないと考え始めると，中央銀行の資産の健全性についても疑われ，最終的には銀行券の一般的受容性も損なわれるようになります．そうなると，銀行券を大いに用いている日本における経済取引の効率性も損なわれ，人びとの日々の生活にも大きな影響が生じます．このように，我々が日常生活で何気なく用いている日銀券も，いったん日銀の保有する資産の価値が減るようになり，そのことに人びとが危惧の念を持ち始めたら，その流通は著しく制限されます．したがって，中央銀行がその資産価値の健全性維持に努力すること，さらには，その資産として最も多く用いられる国債の発行元である国家が，その財政の健全性を維持することは，きわめて重要であることが理解されると思います．

2 経済の発展と銀行券の利用拡大

(1) 経済取引の決済における銀行券の重要性

景気が良くなり，経済取引が活発になればなるほど，その取引に必要な紙幣の量（すなわち銀行券の枚数や金額）は増えていきます．すでに第2章でも触れたように，景気の状態が変わらなくても，連休中や年末・年始など普段より銀行券を多く使う季節には，銀行券の発行額が一時的に増えます[4]．まして，経済が成長し，その結果として構造的に経済取引の規模が大きくなると，必要とされる銀行券の額は，季節的な要因にかかわらず，飛躍的に増えていきます．

なぜならば，経済取引を行うと，代金の支払いなどその取引に伴う決済が必ず生じますが，その決済に際して，依然として銀行券は効率的で不可欠な手段であるからです．

経済取引が行われる場合に，どのように銀行券が使われるのか，取引決済をケース分けして考えてみましょう．まず，企業と企業との取引の場合には，金額が大きいこともあって，資金融通を受ける企業は手形を振り出し，その手形の支払い期限に銀行預金の振替によって決済が行われることが圧倒的で，銀行券はあまり使われません．しかし，企業間決済でも決済金額が少額の場合には，銀行券が用いられます．

次に，個人と企業との取引の決済のケースでは，最近ではクレジット・カー

ドで支払い最終的には銀行預金間の振替によって決済することが増えてきていますし，企業に勤める人に対する給与の支払いも，銀行券の支給にかえて銀行口座への振り込みが増えてきており，かつてほど銀行券の使用需要は大きくはありません．とくに欧米では，古くから小切手（チェック：cheque）による支払いを行う人が多く，その点からも銀行券の使用頻度は限定的でした．しかし，個人が絡む決済は金額が少額であることもあって，企業間取引に比べると銀行券による決済を希望する個人が依然として多いことは事実です．[5]

　まして，個人間の取引決済では，銀行券の使用頻度が圧倒的です．個人間の少額決済でも，欧米では前記のように小切手（チェック）による支払いを行う人が多いことは事実ですが，日本では，個人間の決済は銀行券を用いることが圧倒的です．また，決済に用いるのではなくて，自己の資産を安全に保有する手段として銀行券のかたちで保持しようとする人も多いと思われます．こうした個人間決済の強いニーズなどを背景に，日銀の負債総額に占める銀行券発行残高のウエイトは欧米主要国の中央銀行と比べて突出して高くなっています．[6]

(2) 銀行券需要と中央銀行

　ただし，こうした銀行券を用いる背景と，その結果としての銀行券の需要の大きさについては，中央銀行も民間金融機関も自分の都合に沿ってコントロールすることはできません．

　企業も個人も，決済を行う場合に必要な資金は民間金融機関に預けている預金口座（通常は当座預金，普通預金などの決済性預金を用います）の残高を確保することから始めます．小切手，クレジット・カードなどの決済の場合には預金口座間の振替によって決済されますし，銀行券による決済の場合には，預金者は預金残高を取り崩して銀行券の引き出しを求めます．いずれにしても金融機関は，所要の預金残高が確保されている限り，こうした預金者の要求を断ることはできません．その預金はあくまでも預金者から預かったもの，預金者のものであるからです．

　まして，銀行券引き出しの需要が高まると，民間金融機関は自分が保有していた銀行券だけではそうした需要に応じきれず，中央銀行に銀行券を求めます．この場合でも，中央銀行側は，当座預金口座に残高がある限り，その当座預金残高を取り崩して銀行券を引き出していこうとする民間金融機関の要求を断ることは許されません．中央銀行の当座預金口座の残高はあくまでも金融機関か

ら預かったもの，金融機関のものであるからです．

したがって，中央銀行は，その国のすべての経済取引に必要とされる銀行券が常に供給されている状態を確保するよう努めることが求められています．前記のように，とくに日本では，国民生活の中で日銀券が使われる頻度，場面が極めて多く，結果として銀行券の発行額は多額に上ります．そのように多額の銀行券を常に支障なく国民経済の中に流通させるためには，民間金融機関に多くの当座預金残高を保持させるようにする必要が生じます．そのために，日本銀行では，国債を中心として巨額の資産を保有しているのです．すなわち，巨額の資産を保有する結果として巨額の当座預金口座残高を負債として負い，その口座から巨額の銀行券が引き出されるシステムが確立しているのです．

3 銀行券発行のプロセス

最後に具体的に，中央銀行から銀行券がどのように発行されているのか，そのプロセスを整理してみましょう

銀行券は民間金融機関の窓口（ATMを含む）から，預金口座の残高を取り崩すことによって（この結果，預金残高はその分だけ減少します），個人や企業に渡されます．逆に，毎日多くの銀行券が預金として民間金融機関に受け入れられています（この結果，預金残高はその分増加します）．こうした銀行券の動きは，季節的な要因によっても左右されますし，また，地域による差も大きいのです．例えば，観光地では観光客が支払う銀行券が膨大となり，その地の企業，商店，個人から銀行に持ち込まれる（預金される）銀行券のほうが，持ち出される銀行券をはるかにしのぐ場合が多いのです．[7] 逆に，大都市圏では経済取引が非常に活発で，それに用いられる銀行券のニーズが圧倒的に高く，大幅な発行超過になります．

しかし，一般に，民間金融機関は常に十分な銀行券を自らの金庫内に備えているわけではありません．受け入れた銀行券を払い出し用に転用することも行いますが，厳重な金庫設備を用意するコストなど，銀行券を保管するための費用は膨大ですので，所要の銀行券をすべて予め用意することはありません．そのため民間金融機関は，過去の経験などを踏まえ，その日の銀行券の引き下ろし額（および預金の受け入れ額）を事前に予想し，不足すると見込まれる場合には，中央銀行へその供給を求めるのです．

具体的には，民間金融機関が中央銀行に預けている当座預金口座から必要な金額を引き下ろし（その分だけ当座預金口座残高が減ります），その金額の銀行券を運び出します．その金融機関の当座預金口座残高が十分ある場合には，その残高の範囲内で民間金融機関は自らが欲する金額の銀行券をいつでも（ただし，信用不安時など特別な場合を除いては，中央銀行の通常の営業時間内に限ります）運び出すことができますし，それを中央銀行は拒むことはできません．

一方，当座預金残高が足らない場合には，そのままでは，その民間金融機関は必要な銀行券を入手できず，したがって自らの預金者の銀行券引き出しにも応じられないこととなります．民間金融機関が預金者による預金引き出しに完全には応じられないことが判明すると，その金融機関は預金者の信用を失い，さらに多くの預金引き出し要求に直面します．多くの預金者が預金の払い戻しを求めて一時に殺到する（これを預金の取り付け bank run と言います）と，その金融機関は預金払い戻しに完全には対応し切れず，営業停止に追い込まれます．

したがって，民間金融機関は，預金の払い戻しに応じるためにも，また，他の金融機関との間の資金決済を行うことを可能にするためにも，常に必要最小限の中央銀行当座預金残高を確保しておく必要があるのです．また，中央銀行の側でも常に民間金融機関の当座預金残高の水準に気を使っており，残高不足が見込まれる場合には，中央銀行はその民間金融機関へ貸出を行ったり，有価証券（国債）を購入したりすることにより資金を供給する，つまり不足残高を埋めわせる措置をとろうとします（この点については，次章で詳しく説明します）．

注
1） このようにして用いられる銀行券は信用貨幣，あるいは信用通貨と言われます．
2） どちらかと言えば，西洋では金本位制，中国を中心として発展した東洋経済圏では銀本位制が中心的な制度として発展しました．
3） こうした銀行券は「管理通貨」と言われます．
4） ただし，その季節的な要因がなくなると流通していた銀行券は還収され，発行残高はもとの水準に戻ります．
5） これも最終的には，銀行預金口座間の振替によって決済が行われます．
6） 大量の銀行券を自宅の箪笥の中にしまっておくことから，個人が保蔵する銀行券は箪笥預金と言われることがあります．このように多額の銀行券をそのままのかたちで保持することは，盗難や火事・災害などにより損われるリスクが大きく，客観的には決して安全な資産保持手段であるとは思われません．しかし，箪笥預金を

する人の心理としては，金融機関に対する不信感が箪笥預金のリスクを上回っているのです．現に，1990年代後半の金融危機発生の後や，2011年3月の東日本大震災などの災害の後には，「最後に頼れるものは現金である」との心理が強まり，日銀券の発行残高のレベルはそれ以前よりも高まりました．

7) 中央銀行からみるとこれは銀行券の還収超であると言います．

第5章 銀行の銀行としての機能

1 中央銀行と民間金融機関との取引関係

(1) 当座預金口座機能の提供

　中央銀行は民間金融機関から資金を預かり，その資金を源資として資産運用（国債を購入し保有する，民間金融機関に資金を貸し出す，など）を行っています．民間金融機関から資金を預かっているとは，中央銀行が民間金融機関に当座預金口座の機能を提供していることになります．

　例えば現在の日銀の資金源（負債）を見ると，圧倒的に銀行券が占めています（第3章の表3-1，表3-2を参照）．しかし銀行券は，第4章で述べたように，もともと民間金融機関が自分の当座預金残高を取り崩して銀行券として持ち出したものが流通しているのであって，中央銀行の資金源のほとんどは実質的には民間金融機関からの当座預金であるのです．

　当座預金は，中央銀行と民間金融機関が当座預金契約を結んで行う取引であり，多くの中央銀行が，預かり利子（預金利子）は原則として付けていません[1]．2012年3月末の時点で日銀と当座預金取引契約を結び，日銀に当座預金口座を設けている民間金融機関は554機関に達しており（第2章の表2-1を参照），日本のほとんどの金融機関が網羅されています．

(2) なぜ民間金融機関は中央銀行に当座預金口座を持つのか

　原則無利子であるにもかかわらず，なぜ民間金融機関は，中央銀行当座預金を利用するのでしょうか？　それは，中央銀行に当座預金口座を設けることにより，民間金融機関は自らの経済取引のうえで大きな便宜を得ているからです．

　すなわち，

① 自らの当座預金残高を取り崩すことによって，必要な銀行券を容易に入手できる，
② 他の民間金融機関との資金決済（資金の支払い，受取り）を，当座預金残高の振替によって容易に行うことができる，
③ 中央銀行との資金決済（資金の支払い，受取り）を，当座預金残高の振替によって容易に行うことができる，
④ 政府との資金決済（資金の支払い，受取り）を，当座預金残高の振替によって容易に行うことができる，

といった利点があるからです．

　このうち，まず①について考えてみましょう．第3章で触れたように，A銀行が中央銀行から銀行券100を引き出す場合には，中央銀行におけるA銀行の当座預金の残高が100減り，その代わりにA銀行は銀行券100を入手します．また，この結果として，民間金融機関全体の当座預金総残高は100減り，一方，発行銀行券の総額は100増えます（当座預金総残高と発行銀行券総額との合計額は不変です）．

　次に，②についてはどうでしょうか．A銀行がB銀行に資金100を支払う場合には，中央銀行はA銀行の当座預金残高から100を差し引き，その一方で，B銀行の当座預金残高を100増やします．これでA，B両銀行間の資金決済は終了します．この場合に，A，B両銀行の当座預金残高の合計は不変です．

　③については，どうなるでしょうか．中央銀行がA銀行に資金100を支払う場合には，中央銀行はA銀行の当座預金残高を100増やすだけです．その結果，民間金融機関の当座預金残高総額も100増えます．

　最後に④についてみてみましょう．政府がA銀行に資金100を支払う場合には，中央銀行はA銀行の当座預金の残高を100増やします．その一方で，中央銀行における政府預金の残高を100減らします．これで，政府からA銀行に資金が支払われたこととなります．この結果，A銀行の当座預金残高と政府預金残高との合計額は変わりません．

　このように，中央銀行に当座預金口座を保有していると，各種の資金決済が非常に容易に行われることとなります．逆に，中央銀行に当座預金口座を開設していない民間金融機関は，他の金融機関に依頼して，その当座預金口座を経由して前記①～④の資金決済を行わざるを得ません．その場合には，資金決済

の時間とコスト（他の金融機関に支払う手数料など）が余計にかかることとなります。このコストは金融機関にとっては非常に大きいものです。

さらに，このように中央銀行と当座預金取引契約を結び，中央銀行に口座を開設していることは，中央銀行によって取引相手として認められた証拠であり，その金融機関にとっては名誉であるとともに，その金融機関が第三者から得られる信用もより大きなものとなるのです[2]。

2　当座預金口座の諸機能

民間金融機関は中央銀行との間でいろいろな取引を行っていますが，すでに見てきたように，その中でも当座預金口座取引が最も重要です。この節では，民間金融機関が中央銀行に開設する当座預金口座がどのような機能を発揮しているのか，整理してみましょう。

(1)　資金決済の口座としての機能

民間金融機関は毎日の業務を通じて，企業や個人に資金を貸し出したり，国債などの有価証券の売買を行ったりしています。また，他の金融機関に資金を送ったり，受け取ったりといった資金取引とそれに伴う決済を行っています。こうした他の金融機関との資金決済は，すでに見たように，中央銀行における当座預金間の残高振替によって行われます。

さらに，こうしたさまざまな取引を行っている中で，いずれの民間金融機関も，毎日のように資金が余る，あるいは不足するといった事態に直面していますが，そうした事態に対応するために，毎日相互に巨額の資金の貸し借り（貸借）が行われています。これが，金融機関間で短期資金の融通が行われる短期金融市場（インターバンク市場）取引です。その場合の資金の移動および返済も，最終的にはそれぞれの中央銀行当座預金間の残高振替によって行われます。

例えば，A銀行がB銀行に資金100を支払わなくてはならない，一方，B銀行もA銀行に資金50を支払わなくてはならない，というケースを考えてみましょう。この場合には，最終的には（ネットアウトして）A銀行がB銀行に資金50を支払わなくてはならないこととなります。したがって，中央銀行におけるA銀行当座預金の残高が50減り，B銀行の当座預金残高が50増えます。これでA, B両銀行間の決済はすべて終了したこととなります。ただし，この結

果でも，A，B両行の中央銀行当座預金の残高合計は変わりません．

このように，金融機関間の資金決済においては，中央銀行の当座預金間の振替によるのが，最も安全であり，かつ効率的であるのです．このために，いずれの金融機関も，当座預金口座には資金決済に必要な残高を確保しておく必要があります．

(2) 準備預金口座としての機能

このように，当座預金口座は資金決済面で非常に便利であり，民間金融機関はそのために必要な残高をキープするのですが，原則無利子の預金であり，必要がなければ1円でも口座に置いておく必要がないですし，置いておいても利益は得られません．しかし，いずれの金融機関も常に一定以上の残高を置いています．それはなぜでしょうか？

民間金融機関は巨額の預金を集めて，それを原資として貸出や有価証券（国債，株式など）の保有といった資産運用を行っています．しかし，集めた預金をすべて資産運用に回すことはできません．なぜならば預金には常に払い戻し要求が生じる可能性があるからです．預金は預金者から一時的に預かっているものであり，預金者から払い戻し要求を受けた場合には，金融機関はこれを拒めません[3]．こうした預金の払い戻し要求に直ちに応じることができないと，その金融機関の経営不安感が急速に高まり，信用を失います．そうした金融機関には，さらに預金払い戻しが殺到する，いわゆる預金取り付け（bank run）が生じます．

この場合，集めた預金をすべて運用に回してしまうと，預金払い戻し要求に応じることができなくなります[4]．したがって金融機関は，払い戻し要求に備えて，過去の経験も踏まえて，預かった預金をすべて運用に回すのではなく，そのうちの一定額を常に確保しておく必要が生じます．このように確保された預金を，払い戻し要求に備えた預金分という意味で準備預金（reserve）と言います．

金融機関の準備預金は，金融機関内の金庫に現金（中央銀行券）としてキープされるものもある程度ありますが，巨額の現金を金庫内に納めておくことは保管費用がかかりますので，実際には中央銀行当座預金口座に積んでおくことが圧倒的です．預金の払い戻し要求は現金によることが多く，一定額の中央銀行当座預金残高さえ維持しておけば，民間金融機関はすぐに所要の銀行券を得ることができます．また，預金を引き出して他の金融機関の預金口座への振替

を求める場合もありますが，その場合にも，振替源資を当座預金口座に確保しておく必要があります．

このように，民間金融機関に対して準備預金口座を提供することは中央銀行の大きな機能の1つであり，アメリカの連邦準備制度（Federal Reserve System），オーストラリア準備銀行（Reserve Bank of Australia）といったように，多くの中央銀行がその名前に reserve という言葉を掲げているのは，こうした機能を発揮している特殊金融機関であることを強調しているためです．

そして現在では，預金払い戻しへの対応不足（払い戻し準備預金の不足）が生じないように，多くの国で，金融機関にその預金総額の一定割合を中央銀行に預けることを義務付ける準備預金制度が採用されています．

(3) 日本の準備預金制度

では，日本では準備預金制度が実際にどのように運用されているのか，詳しく見ていきましょう．こうした準備預金制度は「準備預金制度に関する法律」によって定められています．

まず，預金総額が2兆5000億円超の銀行（これにはほとんどの銀行が該当します）では，そのうち定期性預金については，その預金総額の1.2%，その他の預金（普通預金などの決済性預金が該当します）については，その預金総額の1.3%に該当する準備預金を維持しなくてはなりません．

しかし，実際の準備預金額の算出はやや複雑です（図5-1を参照）．

① まず，毎月1日から月末までの毎日の業務終了時の預金の平均残高を算出し，それに前記の預金準備率をかけた金額Aを算出します．例えば，この月の毎日の総預金残高の平均が100兆円であるとすると，必要な準備預金額Aは100兆年×1.2%＝1.2兆円に達します．

② 一方，その月がまだ終了していない16日から翌月15日までの1カ月間（準備預金の積み期間）において，毎日の業務終了時の日銀当座預金残高の平均残高が前記金額Aを超えるように，当座預金残高を確保（積む）しなくてはなりません．

③ このように，準備預金は，最終的にいくら積まねばならないか不透明な期間中（16日〜月末）から積み始めなければならず，積み期間の初めのほう（つまり月の後半）に多めに準備預金を積めば，積み期間の後

〔総預金残高の推移〕

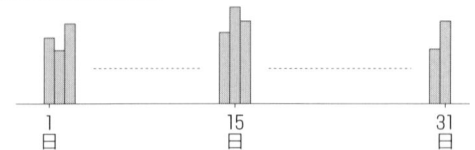

平均総預金残高＝100兆円

〔積み期間の前半に積み上げが少ない場合〕

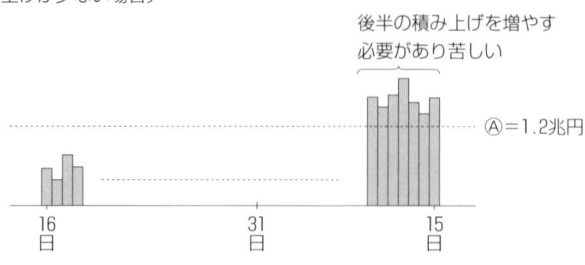

後半の積み上げを増やす必要があり苦しい

Ⓐ＝1.2兆円

〔積み期間の前半に多く積み上げた場合〕

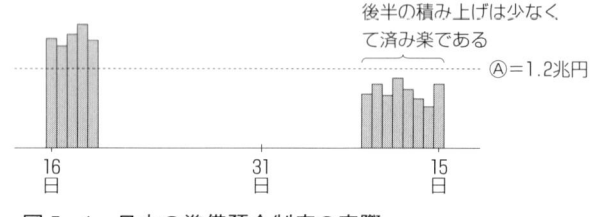

後半の積み上げは少なくて済み楽である

Ⓐ＝1.2兆円

図5-1　日本の準備預金制度の実際

(出所)　著者作成．

半（翌月の1日以降）の残高積み上げは楽になります．

④ しかし，当座預金は原則無利子なので，金融機関は初めから多く積むインセンティブに欠けます．したがって，基本的にはいずれの金融機関も初めはできるだけ少な目に積もうとします．

⑤ しかし，そうなると積み期間終了間際にかけて多くの資金を集めて積まねばならず，金融機関はその資金調達に苦しむこととなります．

⑥ 準備預金を積むための資金が不足する金融機関は，他の金融機関から資金を借り入れようとしますが，他の金融機関も同様の事情であることが多く，積み期間終了間際での資金調達はかなり難しくなります．このような場合には，日銀に資金供給を求めてくる金融機関が生じる場合もあります．

なお，日銀が準備率を変更すると，準備預金の積み上げの苦しさ（資金調達の難易度）も変わってきます．例えば，準備率を引き上げると，金融機関が当座預金に積み上げなくてはならない資金額が増えるので，貸出や有価証券保有などの運用に回せる資金額が減少します．これにより貸出などを通じた企業の資金調達が難しくなり，企業の投資などが抑制される効果が生じ，最終的には景気全体が抑制される可能性があります．逆に準備率を引き下げると，準備預金としてキープするべき資金が解放され，他の運用に回りますので，企業へ貸出などが増え，最終的には景気を刺激する効果が期待されます．

3 金融政策の場としての当座預金口座

前記のように，中央銀行の当座預金口座は，民間金融機関にとって，銀行券を引き出すための資金を置いておく口座，他の金融機関との資金決済のための資金を置いておく口座，預金引き出しに備えるための口座（準備預金），といった多くの機能が期待される場となっています[5]．

ただ，いずれの機能に関しても，所定の当座預金残高が予め積み上げられている必要があり，その残高の多寡によって（必要な残高があるかどうかによって），金融機関の対応が異なってきます．

(1) 金融機関の当座預金口座残高の過不足と金融調節

ここで，当座預金口座の実際の残高が望ましい水準よりも不足している銀行Aと十分残高がある銀行Bとを想定しましょう．Aは，他の金融機関から何としてでも不足資金を調達（借り入れ）し，当座預金口座の残高を増やす必要があることは言うまでもありません．一方，Bはそのまま残高を維持していても構わないのですが，収益を生まない余分な残高をもっていても無駄なので，他の金融機関に貸し出して少しでも多くの利子収入を得ようとします．

この場合，銀行Aはインターバンク市場を通じて，銀行Bから不足資金を借り入れようとします（この場合の借入金利はその時点でのインターバンク金利です）．Aの借入要求にBが応じれば格別の問題は生じません．借り入れた分だけAの当座預金残高は増え，Bの残高は減ります．借入金利の水準は変わりません．ただし，Aの借入要求にBが応じない（貸し渋る）場合があり得ます．Bはより高い金利を要求しようとします．このような事態では，Aは何として

でも不足額を借り入れようとするため，高い金利を支払ってでも借り入れを実現しようとしますので，インターバンク金利は上昇します（A, B両銀行の取引だけでなく，他の金融機関同士の貸借にも影響し，インターバンク金利が全体として上昇します）．

　問題はこうした事態を中央銀行がどのように考えるか，です．インターバンク金利水準の上昇を中央銀行がやむを得ないと容認すれば，中央銀行は何ら格別のアクションをとらないので，そのまま金利水準は上昇します．しかし，仮にAが高い金利を呑んだとしても不足額を調達できるとは限りません．第2節で見たように，AとBとの間でどのような取引をしようとも金融機関の当座預金残高の合計額は変わらないので，Bからある程度の資金調達ができたとしても，Aが依然として資金が不足する場合には，中央銀行は最終的にはそれを供給しなくてはなりません．

　一方，インターバンク金利の上昇を中央銀行が容認しない場合には，その金利上昇を抑えようとします．金利上昇の原因は銀行Aの当座預金残高の不足ですので，銀行Aにその不足資金を供給しなくてはなりません．この場合には，Aはわざわざ高い金利を払ってBから借り入れる必要がなくなりますので，インターバンク金利も上昇することはありません．

　いずれにしても，中央銀行は，資金不足であるAに対して貸し出しを行う，あるいはその保有する有価証券（国債）を購入する，といった取引を直ちに行い，Aに対して所要の資金を供給し，当座預金残高を増やしてやります．これを当座預金残高の調節（金融調節）と言います．

　前記のケースは，あくまでもA, B両銀行が予め交渉するかたちとなっていますが，実際には，個別金融機関同士の協議を待たずに，インターバンク市場全体としてどの程度の資金不足，余剰が生じているかを見極め，中央銀行自身の判断で初めから資金をどんどん供給することもあります[6]．

(2) 中央銀行の資金供給（吸収）行為と当座預金口座残高の動き

　中央銀行が金融機関に資金供給（あるいは逆に資金吸収）を行う場合の具体的な資金の動きは，以下のように整理されます．

　　① 中央銀行が金融機関に貸出100を行う場合

　　　中央銀行の資産（貸付金）が100増え，同時にその金融機関の当座預金口

座に貸出資金分100を振り込むので，当座預金残高が100増えます．

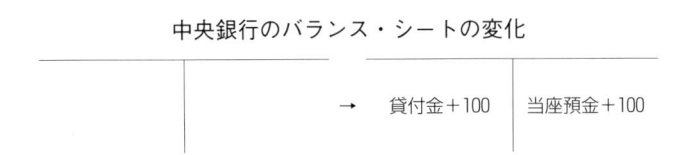

中央銀行のバランス・シートの変化

	→	貸付金＋100	当座預金＋100

② 金融機関が保有する有価証券（例えば国債）を中央銀行が購入する場合

中央銀行の資産（国債）が100増え，同時にその金融機関の当座預金口座に国債購入の代金分100を振り込むので，当座預金残高が100増えます．

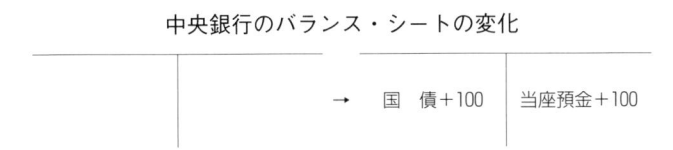

中央銀行のバランス・シートの変化

	→	国　債＋100	当座預金＋100

すなわち，ケース①，②のいずれにおいても，中央銀行の資産（貸付金あるいは国債）が100増え，それに伴って負債（金融機関の中央銀行当座預金）も100増えて，バランスするわけです．

③ 逆に，中央銀行が金融機関から貸出100の返済を受ける場合

中央銀行の資産（貸付金）が100減り，同時にその金融機関の当座預金口座から貸出分100を引き落とすので，当座預金残高が100減ります．

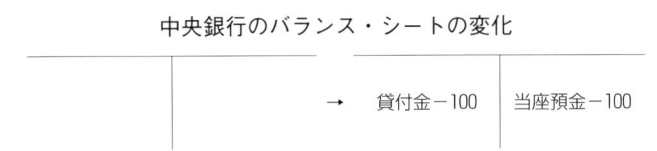

中央銀行のバランス・シートの変化

	→	貸付金－100	当座預金－100

④ 中央銀行が保有する有価証券（例えば国債）を金融機関に売却する場合

中央銀行の資産（国債）が100減り，同時にその金融機関の当座預金口座から国債の代金分100を引き落とすので，当座預金残高が100減ります．

中央銀行のバランス・シートの変化

	→	国　債－100	当座預金－100

すなわち，金融機関から資金を吸収するケース③，④では，いずれにおいても，中央銀行の資産（貸付金あるいは国債）が100減り，それに伴って負債（金融機関の中央銀行当座預金残高）も100減って，バランスするわけです．

このように，中央銀行が民間金融機関との間で取引（貸出の実行，貸出の回収，有価証券の購入，有価証券の売却など）を行うと，その金融機関の中央銀行当座預金残高は必ず変化（増減）します．逆に言えば，中央銀行は，民間金融機関の当座預金残高を変化（増減）させることを狙って，その金融機関との間で取引（貸出の実行，貸出の回収，有価証券の購入，有価証券の売却など）を行うことがあるのです．そして，金融機関の当座預金残高を変化（増減）させることができれば，金融機関同士による資金の貸借の動きに影響を及ぼすことができ，それに伴い最終的にはインターバンク金利の変化（上昇，低下）にも影響を及ぼすことができるのです．

こうした道筋を伝わって行われているのがインターバンク金利水準の操作，つまり金融政策であり，中央銀行における当座預金口座は金融政策が行われる非常に重要な場であると言えましょう．

4　3つの通貨と金融政策

(1)　3つの通貨

以上の説明で，中央銀行当座預金口座が担う機能の重要性は理解されたと思います．ここで，改めて現代の経済社会における通貨を考えてみると，おおよそ3つの通貨が存在することが分かります．

第1は，言うまでもなく，銀行券（小額の補助貨幣も含みます）です．要するに現金と言われるもので，経済取引のあらゆる場面で有効な決済手段として用いられます．実際には小額取引に便利なので，前にも述べたように個人が関係する取引に用いられることが圧倒的です．

第2は，中央銀行当座預金です．詳しくは改めて説明しませんが，金融機関が他の金融機関との間の資金決済に用いるという意味で，これも通貨の1つです．また，預金引き出しに応じるために金融機関が銀行券を準備するためにも，欠かすことができません．

第3は預金通貨です．個人や企業など非金融機関部門にいるものは，民間金融機関に預けている預金（普通預金，当座預金などの決済性預金）の残高の振替によって，経済取引の相手方と資金決済を行います．大きな金額の取引を行う企業間取引では，ほとんどの決済がこの預金振替によって行われていますし，個人が行う小額の決済においても，最近では預金振替（あるいは預金口座残高からの引落とし）のウエイトが増えてきています．このように，最終的な資金決済を行う機能を有しているという意味で，個人や企業が民間金融機関に預けている預金も通貨の1つです．

　このうち，銀行券と中央銀行当座預金は中央銀行が提供している決済機能であり，第3章で触れたように，この2つは中央銀行が提供する通貨という意味で，ベース・マネー（あるいはハイパワード・マネー）と言われます．[7)]

　それに対して，金融機関預金は民間金融機関が提供している機能であり，金融機関が企業や個人に対して貸出を実行すると，その代わり金が預金口座に振り込まれ預金残高は増えます．前記のように預金口座の振替によって資金決済が可能となりますので，貸出を受けて預金残高が増える分だけその企業や個人は新たな購買力（個人の消費需要や企業の設備投資需要など）を得ることができます．個人，企業などの非金融機関部門が保有する金融機関預金と現金の総量はマネー・ストック（あるいはマネー・サプライ）と言われますが，このマネー・ストックは経済取引上の有効な購買力の大きさを示す重要な指標となっています．マネー・ストックが増えれば経済界における有効購買力が増えるので，景気が刺激されます．したがって，景気が悪い時にはマネー・ストックが増える施策の実行が強く求められるのです．

　ただ，個別の金融機関は他の金融機関との間で預金獲得競争を行っていますので，時には預金額が増える金融機関もありますが，そうして獲得した預金は他の金融機関の預金が移ってきただけであり，金融界全体としての預金総量は変わりません．預金総量が変わる（増加する）のはあくまでも金融機関が新たな貸出を行うことを通じてです．新たな貸出が行われると，その分だけ預金が増えます．増えた預金のうち準備預金としてキープしておく分を除いた残りの預金を源資として金融機関はさらに新たな貸出を行え，それによりさらに預金が増えていきます．こうしたプロセス（これを信用創造と言います）を通じて，金融界全体の預金総量，すなわちマネー・ストックは増えていくのです．

> **Box 8　マネー・ストックの定義**
>
> 　流通している円建て通貨量については，マネー・ストック統計として，毎月日本銀行が集計し公表しています（2008年3月まではマネー・サプライ統計として公表されていましたが，翌4月からは現行のマネー・ストック統計が公表されています）。
> 　マネー・ストック統計は，国によって定義内容が異なりますが，日銀が公表する円建て通貨量に関しては，次のように M_1, M_2, M_3, 広義流動性の4種類の通貨量が公表されています（統計の対象となる通貨の種類，金融機関など統計の詳細については，日本銀行のホームページに掲載されています）。
>
> 　　M_1……現金通貨（銀行券，貨幣）＋預金通貨（当座，普通などの要求払い預金）
> 　　M_2……現金通貨＋国内銀行などに預けられた預金
> 　　M_3……M_1＋準通貨（定期預金，外貨預金など）＋CD（譲渡性預金）
> 　　　　　＝現金通貨＋全預金取扱い金融機関に預けられた預金
> 　広義流動性……M_3＋金銭の信託＋投資信託＋金融債＋国債＋外債など
>
> 　流動性（liquidity）とは，保有している資産をどれだけ素早く，かつ容易に（コストがかからずに）現金に換えることができるか，その度合いを示します。M_1 は現金そのものと，金融機関に要求すればほぼ無コストで直ちに現金に換えてもらえる要求払い預金から成っていますので，流動性が最も高い通貨です。そして，上記の定義では，下に降りるほど現金に換えるスピードとコストがかかり，流動性が低くなります。流動性が高い通貨の量が多いほど，財・サービスの購買力が強いと言えますので，マネー・ストック統計の動向を綿密に追うことにより，個人消費や設備投資など今後の経済動向を予測することが可能となります。

(2)　ベース・マネーとマネー・ストック

　このように，民間金融機関が企業や個人に貸出を行うと預金が増加（一部には銀行券の形でキープされる）し，すなわちマネー・ストックが増え，民間企業・個人の購買力（有効な需要）が増えることとなります。したがって，景気刺激策として，マネー・ストックの増加が求められることとなり，そのためには金融機関からの貸出が増えることが必要とされます。

　では，どうすれば金融機関からの貸出が増えるのでしょうか？　そのためには，中央銀行が金融機関への資金（当座預金残高）の供給を増やせばよいとの考え方があります。すなわち，中央銀行が金融機関への資金供給を増やせば当座預金残高，つまりベース・マネーが増加し，その増加分（の一部）は必ず貸出に回るとの考え方です。

ベース・マネーが増えれば，インターバンク金利が低下する（あるいは，少なくとも上昇しない）要因が増えますので，金利体系全体は下方にシフトしていき，経済界の総需要の増加を促す効果をもたらします．さらに，こうしたルートと並んで，金融機関は増えたベース・マネーの一部を民間企業などへの貸出に回そうとします．その結果，民間企業などの預金（マネー・ストック）が増え，総需要の増加につながるとの考え方です．ベース・マネーの増加分がどの程度のマネー・ストックの増加をもたらすのか，その比率は信用乗数と言われます．すなわち，

　　　　ベース・マネー増加分×信用乗数＝マネー・ストック増加分

であり，この考え方に沿えば，信用乗数が安定していれば，中央銀行がベース・マネーを増やしさえすればマネー・ストックは信用乗数の分だけ必ず増加し，景気を刺激することとなります．あるいは，景気がなかなか好転しないのは，マネー・ストックが増えないからであり，それは中央銀行によるベース・マネーの供給が不足しているためであり，中央銀行はもっとベース・マネーを供給せよ，との結論に結び付くこととなります．2000年代に入ってからの日本で，そしてリーマン・ショック以降に主要国中央銀行が実施している量的緩和政策や信用緩和政策などの新たな金融政策（いずれも後章で説明します）は，基本的にこうした考え方によって促されて行われたものであると言えます．

　ただし，こうした考え方には強い批判があります．つまり，中央銀行がいくらベース・マネーを増やしても，常にその一定比率の金額が民間企業などへの貸出増加に結びつくとは限らない，とする考え方です．つまり，信用乗数が常に一定であるとの保証はなく，経済情勢によって大きく左右されると言われています．金融機関が貸出を行うためには，あくまでも民間企業などの側に資金を欲する気持ち（資金需要）が強まることが必要であり，景気が悪い時には資金需要は増えません（すなわち，信用乗数は低くなりがちです）．したがって，量的緩和政策などにより中央銀行がいくらベース・マネーを増やしても，それが期待するほど民間企業などへの貸出に回らず，当座預金口座に置かれたままになるとする見方です．これまでのところ，金融機関からの貸出が伸び悩んでいる状況を前提として，日銀自身や民間金融機関では，日本の実態はこうした状態に近いとする考え方が一般的でした．

注
1) ただし,現在日銀では,臨時の措置として法定準備額以上の当座預金残高には年0.1%の利子を付けています.これについては,第14章で説明します.
2) 第2章で述べたように,日本では日銀と当座預金取引契約を締結した金融機関は定期的に日銀考査を受けることとなります.このことはその金融機関の経営への信用を一段と増す背景ともなっています.
3) 普通預金などの要求払い預金だけでなく,一定期間預かることを約束している定期性預金であっても,たとえ満期前でも要求されれば即時払い戻しに応じなければなりません(ただし,元本に付されて返済される利子分の算出適用金利は,満期払い戻し時とは異なり低くなります).
4) 例えば,預金払い戻し要求があるからといって,貸し出した資金を直ちに回収しようとしても,それはできません.
5) こうした機能の発揮のためには,是非とも所定の残高が必要ですが,それを上回る残高は全く無駄となります(どんなに残高が多くとも原則無利子ですし,現在例外的に年0.1%が付利されていますが,収益的には大きなものとはなりません).
6) 中央銀行のこうした判断を資金需給判断と言い,金融政策遂行上極めて重要な行為です.詳しい説明は第7章で行います.
7) 銀行券は民間金融機関の窓口(ATMを含む)を通じて流通していきますので,民間金融機関が提供しているように思われますが,これまで説明したように,あくまでも中央銀行しか発行できず,中央銀行当座預金から引き出されるものである(民間金融機関は通過パイプに過ぎない)ので,中央銀行が供給する通貨です.

第6章 政府の銀行としての機能

1 政府の経済活動と中央銀行

　政府はその政策目標を達成するために，さまざまな経済活動を行っており，その経済活動に伴い，巨額の資金の調達と支払い行為を行っています（これを財政活動と言います）．

　このうち財政支出は，政府の活動に必要な財・サービスを購入しその代金を支払ったり，また年金の支給など各種の資金を支払ったりする行為です．例えば，日本の平成24（2012）年度・一般会計当初歳出予算の総額は90.3兆円に達しています．

　一方，財政収入は前記のような政府による各種活動のもととなる資金を調達する行為であり，平成24（2012）年度・一般会計当初歳入予算の内訳は，税金で約42.3兆円，借り入れ（＝国債の発行）で約44.2兆円，その他の収入で約3.7兆円となっています．

　こうした政府の財政活動については，昔から中央銀行が深く関与してきました．もともと中央銀行には，政府（国王）の資金の調達とその管理のために作られた組織としての色彩が濃い事は否定できません．例えば，イングランド銀行は1694年にイギリス国王から，その利益を国庫に納めることを条件に銀行券の発行を認められ，それ以降中央銀行として発展してきたという経緯があります．イングランド銀行の英文名 Bank of England は，「イギリス国（王）のための銀行」との意味合いが濃厚に感じられます．一方，日本銀行は，1882年に明治政府の強力な指導の下で，唯一の銀行券発行銀行として，明治政府の資金調達・管理のための中央銀行として創設され，現代に至るまで，やはり銀行券発行の独占的利益は国庫に納入する仕組みとなっています．日銀の英文名 Bank of Japan は，「日本国家のための銀行」との意味合いが強く感じられま

す.

　強権をもった国王がいなくなり，民主的な国家運営がなされている現代でも，こうした政府の財政活動に伴う資金の支払い，収入は，すべて中央銀行がその実際上の事務を遂行しており，その収益の多くが国庫に納められる姿も維持されている中央銀行が多いようです.

2　政府の経済活動と中央銀行当座預金

　多くの中央銀行が，中央政府の資金の支払い，収入に関する事務（国庫金事務）を一手に取り扱っています．そのために，中央銀行には政府の当座預金口座（政府預金）が設けられています．そして，次の図6-1に示すように，政府からの支出も政府への収入もすべての資金が，中央銀行に預けられている政府預金と民間金融機関の当座預金との口座間の振替によって行われていることが極めて重要なポイントです．

　財政の収支に伴い，資金が政府預金と民間金融機関当座預金との間をどのように動くのか，具体的な事例を挙げて見てみましょう．

　【1】財政の収入金の流れ（納税のケース）
　①納税者は民間金融機関の店頭で税金1万円を払います．
　②その金融機関は，税金として預かった1万円を日銀に持ち込みます．
　　すなわち，まずこの段階で，その金融機関の日銀当座預金口座の残高が1万円増えます．

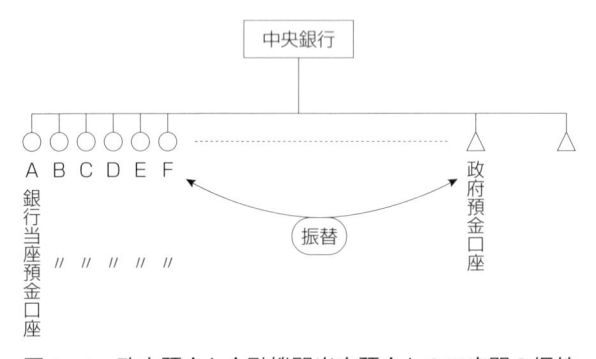

図6-1　政府預金と金融機関当座預金との口座間の振替
（出所）著者作成．

③日銀は，その金融機関の当座預金口座から1万円を引き落とし，政府預金口座の残高を1万円増やします（すなわち，口座間の振替を行います）．
　この振替により金融機関の日銀当座預金口座の残高は最終的には減って，元へ戻ります．

【2】財政の収入金の流れ（国債発行のケース）
①国債購入者は金融機関の店頭で国債を購入し，その代金1万円を民間金融機関に支払います．
②その金融機関は，国債の代金1万円を日銀に持ち込みます．
　すなわち，まずこの段階で，その金融機関の日銀当座預金口座の残高が1万円増えます．
③日銀は，その金融機関の当座預金口座から1万円を引き落とし，政府預金口座の残高を1万円増やします（すなわち，口座間の振替を行います）．
　このケースでも，この振替により金融機関の日銀当座預金口座の残高は最終的には減って，元へ戻ります．

【3】財政の支出金の流れ（政府が空港を建設する事例）
①日銀は政府預金口座から建設代金1兆円を引き落とし，民間金融機関の日銀当座預金口座に振り込みます（すなわち，口座間の振替を行います）．
　この場合には，まずこの振替により金融機関の日銀当座預金口座の残高は増えます．
②同時に，この民間金融機関は1兆円を建設会社に支払います（その建設会社の普通預金口座に振り込みます）．
　この建設会社が1兆円分の銀行券の引き出しか，他の金融機関口座への振替を求めることにより，金融機関の日銀当座預金口座の残高は最終的には減って，元へ戻ります．

【4】財政の支出金の流れ（政府が個人に公的年金を支払うケース）
①日銀は政府預金口座から1万円を引き落とし，民間金融機関の日銀当座預金口座に振り込みます（すなわち，口座間の振替を行います）．
　この場合にも，まずこの振替により金融機関の日銀当座預金口座の残高は増えます．
②同時に，この民間金融機関は1万円を年金受給者に支払います（その個

人の普通預金口座に振込みます）．

　この年金受給者が1万円分の銀行券の引き出しか，他の金融機関口座への振替を求めることにより，金融機関の日銀当座預金口座の残高は最終的には減って，元へ戻ります．

　このように，財政の支出，収入行為はすべて，中央銀行における政府預金口座と民間金融機関当座預金口座との間の振替を通じて行われます．そのことは，政府の財政活動に伴って，民間金融機関自身の意思に関係なく，その金融機関の中央銀行当座預金口座の残高も動く（増減する）ことを意味します．この点は，次の第7章のテーマである資金需給判断に大きな影響を及ぼしますので，忘れてはならないポイントです．

3　日本政府による外国為替市場への介入について

(1) 政府による外国為替市場への介入

　日本政府は，外国為替市場で円相場（円とアメリカドルとの為替相場）が急激に円高の方向に進む恐れがある場合には，その急激な円高化を阻むために，日銀を介して，外国為替市場に「介入」することがあります．介入は，円高化をいくらかでも円安化の方向に戻そうとして，政府（実際には外国為替資金特別会計）が，日銀をその代理人として，持っている円資金を売って代わりにドル資金を買うという売買を行うことです．

　例えば，ヨーロッパのユーロ危機などを背景として2011年中は1ドル＝80円を割り込む円高化が進展しましたが，公表されているだけでも，次のように3回にわたり介入しました．

> ① すなわち，まず東日本大震災直後の3月18-19日には，1ドル＝80円の水準を割って70円台になったことを受けて，欧米の通貨当局と協調して総額0.7兆円程度の円売りドル買いを行いました（介入水準は1ドル＝79円07銭）．
>
> ② 次に8月4日には，日本政府単独で4.5兆円程度の円売りドル買いを行いました（介入水準は77円00銭）．
>
> ③ さらに，10月30日に海外市場で1ドル＝75円台に突入（史上最高の円高）したことから，翌31日に日本政府単独で7.5兆円程度の円売りドル買い

を行いました（介入水準は75円53銭）．この結果，10月31日の東京市場，NY市場では，一時的に1ドル＝79円台に戻しました．

(2) 政府による外国為替市場への介入はどのように行われるのか？

　政府による介入といっても，政府の代理人として日銀が外国為替市場に取引当事者の一人として参加し外国為替（外貨）の売買取引を行うものであり，他の市場参加者の取引と全く同じ行為が行われます．そして，この場合にも，金融機関の当座預金口座の残高は大きく振れる（円売り介入の場合には当座預金口座残高は増加する）こととなります．したがって，政府が為替介入について公表しない場合にも，民間金融機関の日銀当座預金口座残高が大きく増えた場合には，どの程度の規模の円売り介入が行われたのか，大体の見当がつく場合があります．

① 日銀は，東京市場で外国為替資金特別会計の円建て資金を用いて，金融機関（日系金融機関ならば在京本店）に円を売ります．
　この段階で，日銀における政府当座預金残高（円建て）が減り，金融機関の当座預金残高（円建て）が増え，すなわちベース・マネーが増えるので，国内円建て金融市場では金融緩和が行われるのと同じ効果が生じます．この時，日銀がベース・マネーを増やしたくないと思う場合には，他の手段（債券の売却など）によって増えたベース・マネーを吸収することがあります（これをベース・マネーの不胎化と言います）．

② その一方で，日銀はニューヨーク市場で，金融機関（日系金融機関ならそのニューヨーク支店）からドルを買います．
　これにより，ニューヨーク連銀における金融機関の当座預金残高（ドル建て）が減り，日本政府の当座預金（ドル建て）が増えます．政府保有のドル建て資産，すなわち政府の外貨準備高が増えることとなります．

③ 政府は，外国為替資金特別会計が外国為替資金証券（発行期間1年未満の短期証券の1つ）を発行し，これを日銀に買ってもらうことによって，前記①の介入の際に売る円資金を獲得します．
　ただし，この証券の発行残高限度額はあらかじめ外国為替資金特別会計予算によって決められており（平成24年度当初予算では195兆円），その限度額を超えていつまでも円高を回避する介入（円売り，ドル買い）を

行い続けることはできません．

　介入時の操作，当座預金口座の動きなどは以上の通りですが，介入によって一旦は円安になっても（あるいは急激な円高化を阻止できたとしても），その後再び円高（ドル安）に戻ってしまうと，介入で得られたドル資金（政府の外貨準備高）には為替評価損が発生し，この評価損は国民が負担することとなります．
　すなわち，急激な円高化で輸出が抑制されて損失を被る（利益が得られない）企業をサポートするために介入を行っても，一旦は円安化することがあっても再び円高に転化すれば，本来は企業などが負担するべき損失を為替評価損として国民に転嫁していることとなります．また，趨勢的な円高化は一時的な介入によって阻止できるものではありません．
　さらに，仮に円安化が実現したとしても，それは逆に言えば他の諸国ではドル高化を意味するわけであり，他の諸国の輸出産業の大きな負担となり，日本が自国の産業の都合だけで為替介入を行っても，他の諸国から強い批判を受けることとなります．こうしたことを総合的に勘案すると，円高化を人為的に防ぐ介入は慎重に行われるべきでしょう．

(3) どうして政府は外国為替市場に介入するのか？

　このように，介入によって一旦は円安になっても再び円高化に向かうことが多く，そうした場合には政府の外貨準備高には必ず評価損失が出ました．それにもかかわらず，これまで多くの円高化局面で介入が行われてきました．それは何故なのでしょうか？
　1つの理由は，急激なテンポで円高が進むことを阻止するためです．市場の動向だけに任せておくと売られる一方のドルを日本政府が買う（円を売る）ことは，ドルへの需要を増やす（円の供給を増やす）ことであり，その結果，ドル高（円安）に転ずることを期待しているわけです．しかし，これまでの日本経済は恒常的に経常収支が黒字で，そうした下ではドル売り（円買い）が市場の大勢を占めてきましたし，これに加えて，ユーロ危機やアメリカの景気不安定といった世界の経済情勢の下では，ユーロや米ドルよりもどちらかと言えば円での資金運用が選好される傾向にあったことは否定できず，どうしても円高を阻むことはできませんでした．
　2つ目の理由としては，国内産業（とくに輸出関連企業）向けに政府の対応姿

勢を示すためであると考えられます．為替介入以外には，円高を急速に打開する妙案が見つからないこともあって，やむを得ず，為替介入という手段に訴えることとなります．円高をもたらす前記のような基本的な背景の下では，為替介入だけでは円高阻止の効果がないことは政府・日銀も熟知しているはずですが，他にとるべき対策がないこともあって，やむを得ず行ってきた側面が大きいと言わざるを得ません．

注
1） ただし，金融を急激に緩和すれば円安化をもたらす可能性が高まります．このため，第10章でも触れるように，政府や経済界からは，輸出を拡大し，ひいては国内景気全般に好影響を与えるべく，金融緩和を期待する声が高まります．

第7章　資金需給の判断とその調節

1　当座預金口座残高の増減とその理由

　前章までの説明で，中央銀行の3大機能（発券銀行としての機能，銀行の銀行としての機能，政府の銀行としての機能）はいずれも，民間金融機関の中央銀行当座預金口座を通じて実施されること，そして，いずれの場合でも当座預金口座の残高の増減が生じること，が理解されたと思います．
　そして，改めて整理すると，中央銀行における民間金融機関の当座預金口座の残高が変化する（増減する）のは，次の4つのケースであることが容易に分かります．

(1)　銀行券が発行されるか，還収される場合
　個人にせよ企業にせよ，現金（銀行券）を必要とする時には，ATMか金融機関窓口を通じて，民間金融機関に預けている自分（自社）の預金口座の残高を取り崩して（減らして），所要の金額の銀行券を引き出します．金融機関はこの銀行券引出しを絶対に拒めません．過去の経験からあらかじめ備えるべき銀行券の量をある程度推測しますが，金融機関は常に多くの銀行券を自らの金庫内に保持しているわけではないので，そのたびに中央銀行から引き出します．また，事前の推測が外れて予想以上の銀行券引き出しに直面することもあります．したがって金融機関は，状況によって異なりますが，事前に，あるいは急いで，中央銀行に預けている自らの当座預金口座の残高を取り崩して（減らして），その代わりに銀行券を引き出していくのです．
　このように，銀行券の発行需要が強まると，それに応じて，金融機関の中央銀行当座預金口座の残高は，その金融機関の好むと好まざるとにかかわらず，変動（減少）します．逆に，金融機関から銀行券が戻ってくる（還収）場合に

は，その金融機関の当座預金口座の残高が増加します．つまり，銀行券の動きと金融機関の中央銀行当座預金口座残高とは次のような関係が存在するのです．

　　銀行券の引き出しが増える．→当座預金口座残高は減る．
　　銀行券の還収が増える．→当座預金口座残高は増える．

　とくに，銀行券の発行が増えると見込まれる場合には，金融機関はどうしてもこの銀行券引き出しニーズに応えるために，銀行券を用意しておかねばならず，そのためには，あらかじめ所要額の当座預金口座残高を確保しておかねばなりません．その残高が不足すると所要の銀行券を確保できないので，他の金融機関から借りてきて当座預金残高を増やしておかねばなりません．すなわち，銀行券の発行が増えるとの見込みは，金融機関全体としてみても当座預金口座残高（すなわち金融市場の所要資金）のひっ迫要因となるのです．

　逆に，銀行券の還収が多いと見込まれる場合には，金融機関全体としての当座預金口座残高が増えますので，金融機関同士の資金の融通の必要性も減少し，金融市場は全体として緩和状態となります．

(2) 政府の財政支出・収入の動きがある場合

　第6章で見たように，財政資金の動向も，金融機関の当座預金口座の残高を大きく左右します．財政資金の支払いが増える場合には，政府預金から民間金融機関の当座預金へ資金が振り替わりますので，金融機関の当座預金口座の残高はいったん増加します．逆に，徴税や国債発行など財政資金の受け取りが増える場合には，民間金融機関の当座預金から政府預金へ資金が振替わりますので，金融機関の当座預金口座残高は減ります．

　こうした財政資金の動向についても，金融機関は事前に推測して備えます．とくに，財政資金の支払い，受け取りいずれにしても，大きな動きがある時期はかなり明確です．例えば，国債の償還日，公的年金の支払い期日や公務員給与の支給日は事前に確定しています．一方，国債の発行日，納税の最終期限も決まっており，その期限日には巨額の資金が金融機関当座預金口座から政府預金口座に移ります（税金の場合には税揚げと言われます）．

　したがって，金融機関全体，すなわち金融市場全体としては，財政資金の動向はかなりの確度で把握されますが，それにしても，財政資金の動向につれて巨額の資金が金融機関当座預金口座と政府預金口座との間を動くので，とくに

財政資金の受け取りが多い場合にはそれに備えてあらかじめ巨額の残高を準備しておく必要があります．まして，個別の金融機関にとっては，こうした財政資金の動向を完璧に把握しておくことには無理がありますので，残高不足に直面した金融機関は急いで不足残高を確保しなくてはなりません．

逆に，財政資金の支払いの場合には，金融市場全体としては，当座預金残高の不足額が減少する，あるいは余剰となります．

(3) 金融機関同士が資金の決済を行う場合

金融機関同士の資金の受け払い（決済）もすべて中央銀行の当座預金口座間の振替によって行われます．この結果，個々の金融機関の当座預金残高は時々刻々と大きく増減することとなります．

しかし，すべての金融機関の当座預金口座の残高を合計すると，すなわち全金融機関の当座預金口座残高の総計は，まったく変わりません．すなわち，下記の簡単な事例でも分かるように，金融機関同士の資金決済によっては，A銀行からB銀行へ中央銀行当座預金口座間で資金が振り替わるだけであり，全体しての残高総計はまったく変わらないのです．

（例）　A銀行からB銀行へ資金100を払う場合には，振替により，

　　　　A銀行の当座預金残高は100減り，
　　　　B銀行の当座預金残高は100増えるので，
　　　　A，B銀行の当座預金残高合計では，プラス・マイナスゼロ

したがって，金融機関間の資金決済では，個別の金融機関にとっては当座預金口座の残高が減少し，不足額が生じて何としてもその不足額を確保せざるを得ない立場に追い込まれる可能性はありますが，金融機関全体としての不足額は変わらない（あるいは生じない）こととなります．

(4) 金融機関と中央銀行との間で資金決済を行う場合

民間金融機関と中央銀行との間で資金の受け払い（決済）を行う場合にも，次の①〜④のケースに示されるように，民間金融機関の当座預金口座残高は大きな影響を受けます（大きく増減します）．

すなわち，

① 中央銀行が金融機関に貸出100を行う場合には，その金融機関の当座預金口座残高は100増えます．
② 中央銀行が金融機関から有価証券（国債）100を購入する場合には，その金融機関の当座預金口座残高は100増えます．
③ 中央銀行が金融機関から貸出100の返済を受ける（貸出を回収する）場合には，その金融機関の当座預金口座残高は100減ります．
④ 中央銀行が金融機関に有価証券（国債）100を売却する場合には，その金融機関の当座預金口座残高は100減ります．

ただし，中央銀行と金融機関との間のこうした資金決済は，あくまでも両者間の事前の合意に基づくものであり，民間金融機関側でも，いくら中央銀行との取引であっても，自らの考え方に従ってその取引に応じるか否かを決めることができます[1]．したがって，資金決済の金額も時期も事前に確定するものであり，自らの当座預金口座残高の動きも事前に把握できるのです．同じ当座預金口座残高の動きでも，この点が，前述の銀行券の動向や財政資金の動向によって左右される場合と大きく異なる点です．

2　資金需給の判断とその調節

(1)　資金不足金融機関と中央銀行

第1節で整理したように，民間金融機関が，自らが中央銀行に預けている当座預金残高の動き（増減）を事前に完全には把握できず，また自らの意思でコントロールできない（増減を拒否できない）のは，銀行券が動く（銀行券が発行される，あるいは還収される）場合と，政府の財政支出・収入の動きがある場合，の2つのケースです．

例えば，日本では，年末には年越し決済資金や正月準備資金などを中心に，銀行券の発行額が通常の水準を大幅に上回ります．ここではその発行超過幅が10兆円に達するとします．また，年末には法人税，個人所得税などの納税期日が到来します．ここでは合計で2兆円ほどの税揚げが見込まれるとします．この場合には，金融機関全体としては年末に向けて通常よりも12兆円（10兆円＋2兆円）の当座預金残高を積み上げておく必要があることとなります．

こうした場合，いずれの金融機関も自らの当座預金口座残高の積み上げに努

めます．必要な資金を容易に確保できる金融機関もありますが，どうしても資金が不足する金融機関も出てきます．そうした金融機関は不足額を他の金融機関から急いで借り入れなければなりません．とくに，準備預金の積み上げ最終日の毎月15日に所要準備資金が不足したままでは法律違反にもなりますので，金融機関は所要資金の確保に眼の色を変えます．

しかし，前述のとおり，金融機関同士の資金の決済（受け払い）によっては，当座預金残高は全体としては変わらないので，依然としていずれかの金融機関が資金不足のままとなります．しかし，どうしても不足資金を確保できないと，銀行券の払い戻しに応じられないとか，資金決済ができないなど，金融機関としての信用を失墜する事態にも至る可能性があり，最悪の場合には営業停止（経営破綻）となることも考えられます．こうした事態はその金融機関は言うまでもなく，中央銀行としても絶対に避けたいところです．

したがって，資金不足に陥った金融機関は，何としてでも，高い金利を支払ってでも不足額を調達しようとします．高い調達コストを払ってでも不足資金を確保できるのであれば，その個別金融機関にとってみれば当然の行為でしょう．その結果，金融機関同士の資金の貸借の金利（インターバンク金利）は上昇していきます[2]．

ここで考えなくてはいけないのは，こうした事態に中央銀行がどのように考え，対応するか，です．資金不足の金融機関に対しては，前述のような信用失墜に至る事態を避けるために，何としてでも必要資金を確保することを期待するでしょうが，その結果として，市場金利のレベルが上昇することとなった場合，中央銀行はこれを肯定するでしょうか．もし肯定するのであれば，中央銀行としては事態を放置しておくでしょう（市場金利水準は上昇します）．しかし，第5章で説明したように，市場金利の上昇を肯定できない場合には，中央銀行は自らが市場に乗り出し，その金融機関との間で貸出か，あるいは有価証券（国債）の購入を行い，不足資金を急いで供給する必要があります．これが第5章でも説明した金融調節であり，これによって，その金融機関は低い市場金利水準で不足資金を確保できますし，中央銀行にとっても金利の上昇や金融機関の支払い不能，信用失墜といった事態を避けることができるのです．

なお，金融機関全体として当座預金残高が余る場合も起こりえます．その場合には，逆にインターバンク金利が低下する可能性があります．それを中央銀行が避けたいと考えた場合には，金融機関への貸出の回収，金融機関に対する

有価証券（国債など）の売却，といった手段によって余剰資金を吸収することもあります．

(2) 中央銀行による資金需給判断

このように，中央銀行にとっては，個別金融機関および金融機関全体の資金の過不足状況を把握し，また市場金利の動向を把握したうえで，場合によっては適切にコントロールするために，

> ① 個別金融機関自身では避けられない中央銀行当座預金残高の増減要因（銀行券や財政資金の動向）を分析し，
> ② その結果生じる資金不足額（余剰額）をどのような手段で供給するか（吸収するか）を決めて，実施すること（すなわち，どのような金融調節を行うか），

は非常に重要な判断作業です．こうした当座預金口座の残高の動向とその要因を把握する中央銀行の行為は当座預金残高資金の需給判断（資金需給判断）と言われ，とくに，市場金利の動向把握とそのコントロールを目指している金融政策を遂行する上で，欠かせない業務となっています．

日銀では，実際には，資金需給判断を以下の①～③のプロセスで繰り返しています．

> ① まず毎月翌月分について大まかな見当をつけます．翌月の月中を通して，銀行券発行はどのような動きとなるか，財政資金はどのように受け払いされるか，を見通すのです．銀行券の動きにはある程度季節性がありますし，財政資金の受け払いの動きも時期が確定しているものが多いので，大まかな需給判断は可能となります．
> ② そのうえで，さらに毎日，詳細な情報を集めて，翌日分の資金需給についても判断し，翌日の資金供給（吸収）方針を定めます[3]．
> ③ さらに，当日になって実際の資金の需給動向を時々刻々と追っていき，最終的に金融機関全体が必要とする資金の供給額（あるいは吸収額）を確定し，それを実施します．

なお，中央銀行は，当日の市場が終了するまでには資金が不足する金融機関がないようにしなければなりません．最後は，何としてでも資金調達ができな

い金融機関には，中央銀行が貸出を行って残高を確保させる必要があります．これが中央銀行の最後の貸し手機能と言われるものです．最後の貸し手機能は，現代では第17章で説明するような経営破綻の（あるいはそのおそれがある）金融機関に対して行う緊急融資という異例の措置を連想しがちですが，基本的には中央銀行は毎日そうした機能を発揮して金融機関に不足資金を供給し，その窮状から救っているのです[4]．

注
1) ③のケースは，それまで借りていた資金の返済期日が到来したので返済するものであり，金融機関は事前にそのための準備をする（返済資金を用意する）ことができます．かつては，日銀が金融機関に貸し出していた巨額の資金について，即日回収を強く要請し，金融機関側はそれに応じるための当座預金口座残高が不足しあわてる，という事例がなかったわけではないですが，これは極めて稀なケースであり，今後もほとんど生じないものと思われます．
2) いつ頃の時期（明日か，向こう1週間か，向こう1カ月間か，など）の資金不足がどの程度なのか，そしてそれをどのように調達するのか，との金融機関の判断によってインターバンク金利の動向が変わってきます．明日の資金不足を何とか埋めようとする場合には（これが最も多い），オーバーナイト物資金の需要が高まるので，オーバーナイト金利が上昇します．
3) 翌日の資金需給の見通しのうえで，前日から所要額のオーバーナイト物資金の供給（吸収）を行います．
4) ただし，破綻金融機関への貸出では担保を徴求しませんが，通常の資金繰り調整のための貸出では担保（国債など中央銀行が適格と認めたもの）をとるという違いはあります．

第8章 短期金融市場金利の決定

1 さまざまな金融市場

経済社会の中では，さまざまな経済主体（個人，企業，政府〈公共体〉）が財・サービスを巡ってさまざまな経済取引を行っていますが，その裏側ではかならず代金決済のための資金取引が行われています．また，財・サービス取引の対価としての資金取引だけではなく，資金の貸借，投資など資金の取引だけの動

表8-1 さまざまな金融市場の類別

取引主体(参加者) \ 取引の期間	短期（1年未満）	長期（1年以上）
金融機関同士（インターバンク）	短期金融市場 (inter-bank market) 金融機関同士の短期の資金貸借（コール取引）	取引が少ない
金融機関と非金融機関〈個人を含む〉との間	・預金 ・貸出（借入） ・コマーシャル・ペーパー（CP），等々	・預金 ・貸出（借入） ・住宅ローン ・信託，生命保険，損害保険，等々
	主として預金取扱い金融機関が扱う取引が多い	
誰でも取引参加が可能（オープン）	←株式の売買→ ←債券（社債，国債など）の売買→ 等々	
	主として資本市場での取引が多い	

(出所) 著者作成.

きも存在します.

そして,そうしたさまざまな資金取引が行われる無数の金融市場が存在して活発に機能しています.それらの金融市場を大別すると,取引期間の長短,取引主体の種類によって,表8-1のように整理することができます[1].

2　短期金融市場とオーバーナイト取引

このようなさまざまな金融市場では,取引期間,取引主体,取引の対象となる資金の種類,経済情勢,地域事情等々,それぞれ固有の事情に左右された固有の金利水準が形成されています.しかし,そうしたさまざまな金融市場の中で最も中心的な位置を占めているのが,いずれの国でも,金融機関同士間で資金取引が行われるインターバンク短期金融市場です.

そして,そのインターバンク短期金融市場で行われる多くの取引の中でも最も重要なのが,金融機関間での貸借取引(日本ではコール取引と呼ばれています)であり,その中でもオーバーナイト(over night)物取引(あるいは翌日物取引)です.これは,今日資金を借り入れて,翌日に返済する(翌日が休日の場合にはその次の営業日)との約定を成して行われる貸借取引であり,金融機関が自らの中央銀行当座預金口座の残高の最終的な調整を図るために活発に利用しており,インターバンク市場取引の中ではオーバーナイト物が圧倒的なウエイトを占めています(日本では全体の8-9割)[2].なお,インターバンク市場取引の中でも,担保を要するものと担保が不要なものとがありますが,実際には取引相手の事情がよく分かっている金融機関同士の取引ということもあり,日本では無担保取引がほとんどを占めています.

3　オーバーナイト取引金利水準はどのように決まるのか？

インターバンク市場でのオーバーナイト金利はどのようにして決まるのでしょうか.すでに第5章で説明したように,金融機関は毎日,預金者,貸出先企業,さらには他の金融機関との間で時々刻々とさまざまな資金取引を行っており,それに伴い,巨額の資金の受け取り,支払いを行っています.例えば,預金者との間では,預金の受け入れ,払い出し(その結果としての銀行券の受け入れ,払い出し)が行われていますし,企業や個人との間では貸出あるいは貸出

Box 9　　　　短資会社（Broker）

　実際のインターバンク市場では，いずれの国の金融市場でも，短資会社（Broker）と呼ばれる特殊な金融機関が資金不足金融機関と資金余剰金融機関との間に立って，その資金取引の仲介を行っています（双方の金融機関からの仲介手数料が短資会社の収入となります）．日本では，短資会社は金融機関間の外国為替取引の仲介も行っており，外国為替市場が大きく動く時に，丸いテーブルに座って取引をしている姿がよくテレビに映し出されますが，これは短資会社の職員が金融機関の取引の仲介をしている風景です．

　短資会社には各金融機関の資金情報（どこがどの程度の資金不足で，どこがどの程度の資金余剰か）が集中します．中央銀行も金融市場全体の情報を短資会社から収集しようとしますし，短資会社も中央銀行の考え方をよく理解しており，金利水準が中央銀行の意向水準から大きく変化しないように，金融機関の間の資金の仲介を行います．日本では現在，東京，セントラル，八木上田の3社が短資会社としての業務を行っています．

の返済が行われています．さらに，他の金融機関との間での資金取引（資金の支払い，受け取り），政府との間では財政資金の払い出し，納税など財政への資金の納入が行われています．

　こうしたさまざまな資金の受け入れ，支払いは，最終的には他の金融機関との間での資金の決済によって，すなわち中央銀行における当座預金口座間の残高振替が起きて完結します．さらに，各金融機関は，準備預金制度に基づき，総預金額によって算出される準備預金を当座預金口座に積んでおかねばならない責務を抱えています．

　したがって，各金融機関は，こうした資金決済のための振替などに備えて，当座預金口座に必要な残高をあらかじめ確保しておかねばなりません．当座預金口座の残高が不足すると見込まれる金融機関は，とりあえず資金的な余裕があると思われる他の金融機関から不足資金を借り入れようとします（多くはオーバーナイト物です）．しかしながら，第7章で見たように，銀行券の発行や財政資金の動きは，金融機関にとっても完全には事前把握することができず，最終的にはどうしても資金不足の金融機関が生じる可能性が残ります．

　しかし，資金不足金融機関は何としてでも不足資金を調達して当座預金口座に積まねばならないために，通常より高い金利を払ってでも資金余剰金融機関から借り入れようとしますので，このままでは全体のオーバーナイト金利水準

も上昇してしまいます．その市場金利の上昇を中央銀行が容認すれば，オーバーナイト金利はそのまま上昇するでしょうが，中央銀行としてはその金利上昇を認めたくない場合には，資金不足金融機関に対して，貸出や国債などの購入といった手段を用いて，不足資金を供給する（資金不足金融機関の当座預金口座に資金を振り込む）のです．これにより，資金不足金融機関は他行からの高金利の資金調達が不要となり，オーバーナイト金利の上昇も回避されます．

このように，インターバンク市場における資金取引，そのなかでもとくにオーバーナイト物取引は金融機関が資金（中央銀行当座預金口座の残高）の過不足を調整するために行う重要な貸借取引市場であり，その資金過不足の状態が，放っておくとそのままオーバーナイト物取引の金利水準に反映してしまいます．中央銀行では，こうしたメカニズムを逆に利用して，金融機関の資金の不足を埋め合わせてやる（あるいは埋め合わさない）ことによって，オーバーナイト物取引の金利水準を中央銀行の意向に沿った方向にコントロールしようとします（日銀では，これを金利の誘導と称しています）．

このようにオーバーナイト物取引の金利水準は，その時々の経済情勢の中で，金利水準はどうあるべきか（もっと上昇，あるいは低下するべきか，横ばいで推移するべきか）との命題に対する中央銀行の考え方を非常に濃厚に反映する市場となっています．このため，中央銀行のそうした意向が最も強く反映していると考えられるインターバンク市場金利は，金融政策上の政策金利と呼ばれます．日本をはじめ多くの国では，政策金利としてオーバーナイト物取引金利（日本では無担保コールレート）の水準が採用されていますが，ヨーロッパ中央銀行のように1週間物を政策金利としている例もあります．

実際の短期金融市場においては，中央銀行は政策金利の水準についての考え方（金融市場調節方針）をあらかじめ公表し，実際の政策金利の動きがその水準から大きく逸脱しないように毎日資金の供給，あるいは吸収を行っているのです．下記は，日本銀行の事例を示したものです．日本銀行は2012年4月27日に開催した金融政策決定会合において，次の会合までの間は，政策金利としての無担保コールレート（オーバーナイト物）の水準を0-0.1%程度の幅に収めるように促す（誘導する），と決定しています．

〈2012年4月27日の日本銀行政策委員会公表文〉

　日本銀行は，本日，政策委員会・金融政策決定会合において，次回金融政策

決定会合までの金融市場調節方針については,「無担保コールレート（オーバーナイト物）を，0～0.1％程度で推移するよう促す」ことを決定した．

そして，民間金融機関も，公表された中央銀行の考え方（金融市場調節方針）を前提にして資金取引の金利を決めて取引を行っており，その結果，通常は中央銀行の意向に沿った金利水準が実現します．しかし，経済情勢が大きく変化する時には，当然中央銀行の考え方も変わる可能性があります．金融機関をはじめ金融市場の関係者は，その変化を先読みしようとして，中央銀行の発表文書や総裁のスピーチなどにおける微妙な言い回しの変化を注視しています．いずれの国でも，とくに中央銀行総裁の発言には大きな関心が寄せられ，ある問題に関する総裁の発言に変化がないか，微妙な言い回しの変化があるか，といった点について外国通信社報道を通じて瞬時に海外にも伝えられ，場合によっては外国為替や株式の市場を大きく動かすこともあります．このため，中央銀行のほうでも対外発言の内容や表現などについては非常に気を使っています．

4　日銀の資金供給オペレーション

日銀は，政策金利をはじめとする金融市場の金利水準の誘導や金融市場の安定化を目指して，金融市場（金融機関）が必要とする資金の供給（場合によっては資金の吸収）を行いますが，その手段は，貸出あるいは債券売買のいずれにしてもオペレーションです[3]．

オペレーションとは，日銀が資金供給総額，利率，期間などの条件を金融機関に呈示して（これをオファーと言います），これに対して各金融機関はどの程度の金額，金利を希望するか，との希望条件を日銀に呈示し（これを入札と言います），そのうえで，一定の条件（金利が高い順など）に従って，金融機関別の資金供給額が決定されるシステムです．日銀による資金供給オペレーションの主なものは次の通りですが，**表8-2**に示したように，その時々の経済情勢に応じてさまざまな目的に沿ったオペレーションが行われています．なお，日銀が買い入れたり，担保に取る国債，手形類はすべて日銀が適格であると事前に認めたものに限られます．

日銀による主な資金供給オペレーションとその内容
① 短期国債の買い入れ……買現先オペ（買った国債は一定期間後の売り戻す）

と買入オペ（買い切り）．
② 国債の借り入れ（レポオペ）……日銀が国債を借り入れ，その担保金を相手に払うことで資金を供給する．
③ CP の買い入れ……CP の短期買現先で資金を供給する．
④ 手形の買い入れ……手形の買い入れで資金を供給する．
⑤ 国債の買い入れ……長期の利付国債の買い入れ（買い切り）による資金供給．経済の成長・拡大に伴う銀行券需要の増加に対応するための資金供給．

表 8-2　日銀による実施オペレーション等一覧（2012年9月現在）

実施中のオペレーション等	
・共通担保オペ	・カナダドル資金供給オペ
・国債補完供給	・英ポンド資金供給オペ
・国債現先オペ	・ユーロ資金供給オペ
・手形売出オペ	・スイスフラン資金供給オペ
・国庫短期証券売買オペ	・資産買入等の基金
・国債買い入れ	・被災地金融機関を支援するための資金供給オペ
・CP 買現先オペ	・補完貸付制度（貸出）
・米ドル資金供給オペ	・成長基盤強化を支援するための資金供給（貸出）

すでに完了した資金供給手段
・企業金融支援特別オペ
・CP 等買い入れ
・社債買い入れ

（出所）　日本銀行ホームページより作成．

5　金融政策を決定する場

　いずれの中央銀行も，政策金利の誘導方針を中心とする金融調節について議論し，具体的な方針を決定する場（組織）を有しています．それが日銀では政策委員会の金融政策決定会合であり，FRB では連邦公開市場委員会（FOMC）です．ここでは，そうした組織についてやや立ち入って見てみましょう．

(1)　日銀政策委員会の金融政策決定会合

　日銀の最高意思決定機関は政策委員会です．第 2 章ですでに触れたように，

政策委員会は総裁，副総裁（2名），審議委員（6名）の計9名で構成されています．政策委員会は日銀に関するすべての事項を審議，決定する権限を有しており，その議長は委員の互選で選ばれ，実際には総裁がなることが慣例化しています．

政策委員会という組織は従前からありましたが，日銀の独立性を強化した日銀法の改正（1998年4月から施行）によって，それ以前とは格段に権能が強化されました．中でも，金融市場の調節方針，オペレーションのスキーム，経済・金融情勢に関する日銀としての見解の決定など，金融政策に関する事項に関する会合はとくに金融政策決定会合と呼ばれ，原則として月2回開催され，そのスケジュールは事前に公表されます．金融政策の基本的な方針はその会合で審議，決定され（決定会合には政府の代表者が参加し，意見を述べることはできますが，決定権限はありません），決定会合での議事内容は，会合の暫く後に議事要旨として公開され，さらに10年後には完全な議事録が公開されるなど，そこでの議論は透明化されています．決定会合の構成員は，現下の金融・経済情勢を分析し今後の金融政策の方向性を議論し決定するという重要な権限をもっていることから，この9名は全員国会の同意を経て内閣によって任命されることとなっています（また，金融政策について定期的に国会に報告することが求められています）．しかし，金融政策に関する考え方などについて異論が出て国会の同意を得られず，欠員となるケースも時折見受けられます．

政策委員会が金融政策の基本的な方針を決定すると，総裁以下の執行部がその方針の実現を目指して具体的な業務に取り掛かることとなります．

(2) アメリカのFOMC

アメリカでも金融政策の決定に関しては，日銀と同様のシステムが機能しています．すなわち，アメリカの中央銀行制度（連邦準備制度：FRS）では，連邦準備制度理事会（FRB）が定期的に開催する連邦公開市場委員会（FOMC）が，政策金利（FFレート：Federal Fund Rate）の誘導目標やオペレーションの実施内容など，金融政策に関する重要事項を決定しています．

FOMCはFRBの理事7名（議長，副議長各1名を含む），各地の連邦準備銀行の総裁5名（ニューヨーク連銀総裁と他の連銀総裁4名）とで構成され，議長はFRB議長，副議長はニューヨーク連銀総裁が務めます[4]．FOMCの定期会合は年間8回開催されますが，市場の急変などに対して臨時会合が開催されること

もあります.

FOMCの決定は金融政策の指令としてニューヨーク連銀に伝えられ,同連銀はニューヨーク市場においてオペレーションを実施し,FFレートの誘導などの実務に携わります.

FRBは,法律に基づき議長が定期的に議会において金融経済情勢について報告する義務がありますが,FOMCでの議論や決定などその権能は,政府,議会からの独立性が極めて強いと言えましょう.[5]

6 預金準備率と金融政策

かつては,金融政策において有効な手段としてみなされていたものに,準備預金制度があります.本節では,この制度の概要に触れたうえで,金融政策における手段としてはほとんど機能していない現状について見てみよう.

(1) 準備預金制度

預金を受け入れている金融機関(銀行,信用金庫などの預金取り扱い金融機関)は,受け入れた預金の全てを運用(貸出など収益を生む資産を持つ)に回している訳ではありません.日本では,預金の払い戻しに備えるために,法令(準備預金制度に関する法律)に基づき,預金総額の一定比率分の資金を日銀の当座預金口座に強制的に預金させられています.当座預金口座に預けておけば,その残高がある限り金融機関はいつでも現金を日銀から引き出せるので,預金者の預金払い出し要求に迅速に応えることができる備えになっているというわけです.

金融機関はどのような比率で当座預金口座に準備預金額を積まねばならないかは決まっています.取り扱う預金の種類と預金量によって異なりますが,預金総額2.5兆円以上の銀行などでは,下記の通りとなっています.こうして定められた準備預金額を金融機関が具体的にいつ,どのように積まねばならないかは,第5章の説明を参照してください.

〈準備預金制度に基づく現在の預金準備率(一部)〉
① 定期性預金総額2.5兆円以上の銀行など……その総額の1.2%
(1991年10月に1.75%から引き下げ)

② その他の預金総額2.5兆円以上の銀行など……その総額の1.3%

(1991年10月に2.5%から引き下げ)

　準備預金制度は，単に準備預金として預金引き出しに備えるための意義にとどまらず，かつては，預金準備率を変えることによって金融機関から企業への貸出額を増減させる効果があり，その結果，最終的には景気動向にも大きな影響を及ぼすルートとして金融政策上も重用視されていました．

　すなわち，預金準備率を高くすると，準備預金として当座預金口座に積むことを強制される金額が増えるので，金融機関はその分の資金を確保する必要が生じます．これにより企業への貸出に回す資金が減ずることとなり，借り入れを希望する企業にとっては調達できる資金が減る，あるいは希望金額を調達できたとしてもその調達コスト（借入金利）が上昇してしまいます．これは企業の設備投資などを大きく抑制することとなり，最終的には景気の拡大を抑える効果をもたらします．逆に預金準備率を下げれば，当座預金口座に積む必要がある資金額が減りますので，貸出などの資産運用により多くの金額が解放され，企業の設備投資などを刺激することとなります．

　このため日銀では，かつて高度経済成長期など，企業の資金調達意欲が極めて旺盛な時期には，企業の資金調達動向に影響を及ぼす金融政策手段として，預金準備率の操作を有効に用いていたことがあります[6]．

(2)　準備預金制度の現状

　しかし，現在の日本では，金融政策手段としての預金準備率の操作はその意義を失っています．すなわち，日本経済が低成長経済に移り，企業の設備投資の必要性や資金借入の意欲が大きく低下しているうえに，量的緩和政策などが実施されており，いずれの金融機関も日銀当座預金に十分潤沢な残高を置いています[7]．こうした情勢の下では，預金準備率を引き下げても企業の資金需要の拡大には結び付かず，また逆に預金準備率を引き上げても，金融機関はその積み上げ増加分の確保に苦労することはなくなり，企業への貸出を減らす必要も全くありません．

　このように，金融政策上の有効な手段としての機能を失った現在では，預金引き出しに備えるための準備預金としての意義がかろうじて残っているに過ぎなくなっています．実際に，前掲の現在の預金準備率は1991年10月から20年間

以上にわたりまったく変わっていません．

注

1) 表8-1はあくまでもいくつかの取引事例を掲げているだけで，実際にはこれ以外にも多くの種類の取引が存在することは言うまでもありません．
2) インターバンク取引市場では，決算期前などの季節的な事情に加えて，金融市場での資金調達が難しくなる事情（例えば金融不安の発生）などが生じると，オーバーナイトよりも長目に資金を確保しようとする金融機関が増えます．そのような場合には，1週間，3週間，1カ月，3カ月と，より長期のインターバンク取引を求める動きが増え，それぞれの期間の金利水準も上昇しがちとなります．
3) 以前は，日銀の資金供給手段の中心は個別の金融機関との間で行う貸出が中心でした（その際の貸出利率は予め公示されていたので，公定歩合と言われていました）．しかし，資金供給の透明性の確保などの配慮から，個別取引はできるだけ避けるとの方針から，現在では貸出を含めて，通常は入札方式に基づくオペレーションがほとんどです．
4) ニューヨーク連銀総裁以外の連銀総裁は交代でFOMCのメンバーになりますので，常にFOMCでの議決権があるのはニューヨーク連銀総裁だけです．
5) ただし，議長以下のFRB理事は大統領が任命し上院の承認が必要です．
6) 高い経済成長率を維持し経済拡大のテンポが大きい中国では，経済成長に伴う景気過熱を抑制（あるいは逆に刺激）する場合には，人民元の為替相場に波及する（人民元高をもたらす）可能性が高い政策金利の引き上げを極力避けて，預金準備率を頻繁に動かすことにウエイトが置かれています．
7) 日本の法定準備預金の総額は2007年まではおおよそ5兆円前後，民営化された「ゆうちょ銀行」が準備預金制度の対象となった2007年10月以降はおおよそ7兆円です．これ対して，現在では，リーマン・ショック以降の日銀の包括的緩和政策の実施に伴って，当座預金口座の残高総額は40兆円を超えています．

第9章　政策金利と金利体系

1　金利体系（イールド・カーブ）

　インターバンク市場において，中央銀行の政策金利（日本の場合には無担保コールレート・オーバーナイト物取引金利）の水準が決まると，その水準を基点として，より長期の資金取引の金利水準も，期間の長短に伴うリスク・プレミアム分などが上乗せされて，自然と決まってきます．その結果，横軸に取引期間，縦軸に金利水準をとったグラフを描くと，図9-1のように，通常は取引期間が長くなるほど金利水準が高まる，右肩上がりの金利体系のカーブ（イールド・カーブ：yield-curve）が得られます．図9-1は2012年3月末におけるそれぞれの取引期間の金利水準を並べて得られたグラフです．

　最も短期の取引であるオーバーナイト物取引金利の水準が定まれば，取引に

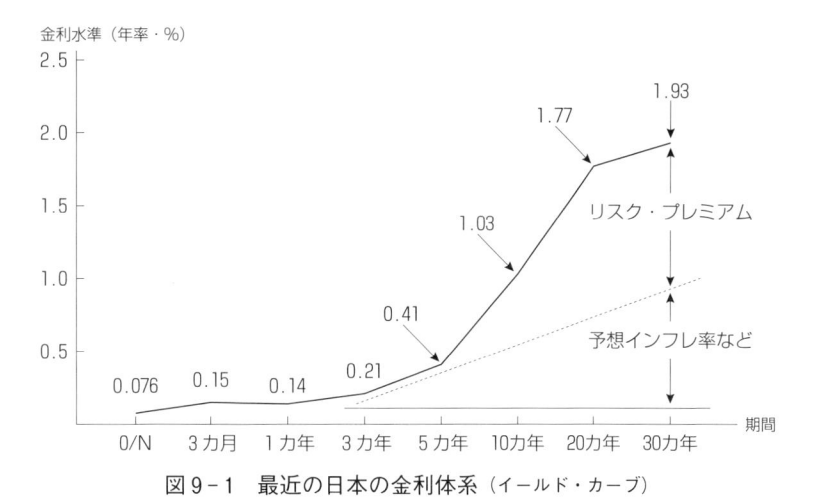

図9-1　最近の日本の金利体系（イールド・カーブ）

（出所）　日本銀行統計などから作成．

伴うリスクがなければ，取引期間の長短にかかわらずすべての金利がまったく同水準となるはずです（グラフは横ばいにとなります）．しかし，一般的に言って，取引期間が長くなればその期間中に生じる物価変動（とくに物価の上昇）の予想や，経済成長の予想などが加味されて短期金利よりは高めになるはずです．さらに，取引期間が長くなればなるほどその取引が当初の約定に沿って順調に終了しないなど不確定性のリスクがより大きくなります．例えば，貸出の場合には，貸出期間が終了した時点で無事に貸出元本を回収できない確率が高くなるのです．したがって，実際の金融取引における金利水準は，オーバーナイト物取引の金利水準よりも高くならざるを得ません．この高くなる分（金利差）は，より長い期間にわたる取引に伴い予想インフレ率が高まること，およびリスクの大きさを表すリスク・プレミアムが強まること，といった点が加味されたものです．こうした要素が加味される結果，通常のイールド・カーブは図9-1のように右肩上がりの形状となるのです．

　もっとも，イールド・カーブは常に右肩上がりの形状になるとは限りません．何らかの特殊な事情が生じて，取引期間が長い金利の水準のほうが低い場合もあります[1]．しかし，この場合には期間が長い資金（金利が低い）を借りて期間が短い貸出（金利が高い）を行うことにより利益が得られるので，誰もがそれを行おうとして期間が長い資金の借り入れに殺到します．その結果，最終的には期間が長い取引の金利は上昇しますので，逆イールド・カーブの状態は長続きしません（これを裁定が働くと言います）．

2　政策金利の変更とイールド・カーブの変化

(1) 政策金利の変更とイールド・カーブの変化

　すでに説明したように，中央銀行はインターバンク市場において，政策金利（コールレート・オーバーナイト物取引金利など）を一定の水準に誘導（コントロール）しようとします．そして，前節で説明したように，政策金利の水準が定まれば，全体の金利体系がおのずと右肩上がりのイールド・カーブとして形成されます．このメカニズムを利用すれば，中央銀行は政策金利だけを誘導するだけで，金利体系全般のあり方，水準に影響を及ぼすことができることとなります．例えば，図9-2に示すように，政策金利が上昇すれば，イールド・カーブは全体として上方へシフトするはずです．

第9章　政策金利と金利体系　　79

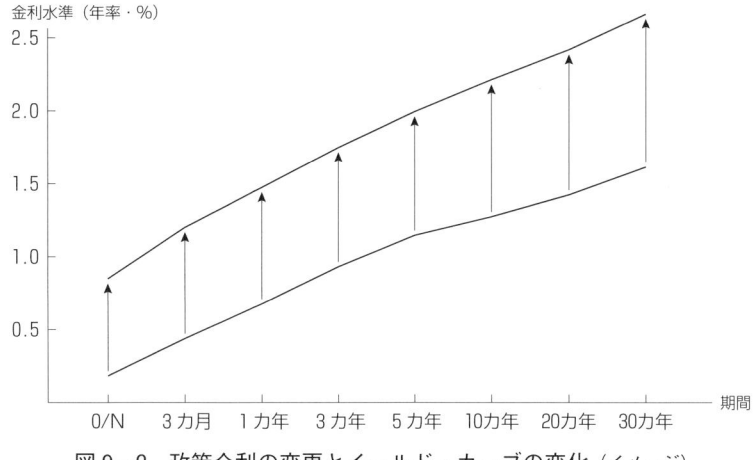

金利水準（年率・％）

図9-2　政策金利の変更とイールド・カーブの変化（イメージ）
（出所）　著者作成．

　ただし，ここで注意しなくてはいけないのは，中央銀行が直接影響を及ぼす（誘導する）ことができるのは，あくまでもオーバーナイト物取引金利など政策金利だけであり，例えば，3カ月を超えるような長めのインターバンク取引金利を誘導しようとする場合もないではないですが，あくまでも特殊な事情下の例外的なケースです．まして，インターバンク市場では1年を超えるような長期取引は行われておらず，中央銀行がそうした長期金利の水準に直接的な影響を及ぼし変化させることは，結果的にそうなったとしても，大きくは期待できません．
　したがって，政策金利を誘導し変化させても，長めの期間の金利水準が，中央銀行が期待するように変化するかどうかは分りませんし，逆に，オーバーナイト物取引金利水準が変わらなくとも，長期金利が将来上昇する[3]（あるいは低下する）との見方が取引関係者の間で強まれば，イールド・カーブは全体として上方へ（あるいは下方へ）へシフトしてしまいます（図9-3を参照）．

(2)　イールド・カーブと金融政策

　しかし，議論はもとへ戻りますが，イールド・カーブは，あくまでも政策金利（コールレート・オーバーナイト物取引金利）を基軸に定まってくるものであり，長期金利水準が政策金利の水準を大きく無視して決まることはありません．金融機関，企業，個人を含めた金融取引関係者のほうでも，短期金利の動向（す

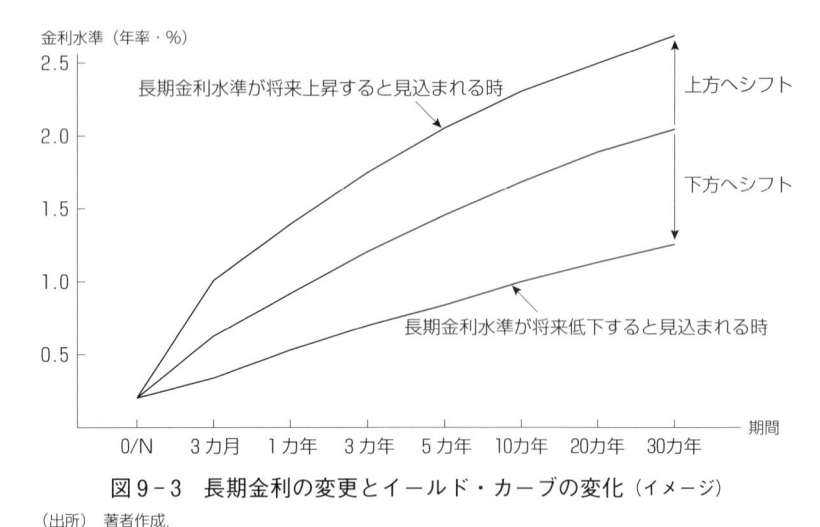

図9-3 長期金利の変更とイールド・カーブの変化（イメージ）

（出所）著者作成.

なわち中央銀行の意向）を眺めながら，長期資金の取引を行っているので，ほとんどの長期取引の金利はおのずと短期金利のレベルを基軸に決まってきます．

また，中央銀行としても，長期金利の直接的な誘導手段はありませんが，総裁の講演・議会証言，記者会見での発言，金融経済情勢の分析結果の公表などさまざまな機会を通じて，中央銀行が望ましいと考える長期金利水準について説明し，間接的ながら誘導しようとします．こうした中央銀行の説明姿勢によって，当分の間金利水準は変動しないとの気分が金融市場で強まると，長期の金利も次第に落ち着いてきます．[4)5)]

中央銀行は，このようなメカニズムを利用して，全体の金利体系を自分が望ましいと考える方向に誘導し，その結果として，最終的には経済全体の状況（景気）に影響を及ぼす（抑制する，あるいは刺激する）ことを狙っているのです．

注
1) その時には，その取引期間の前後ではイールド・カーブは右肩下がり，すなわち逆イールド・カーブの形状となります．
2) 日銀は2012年に入ってから，残存期間1-2年ものに限っていた資産買入基金による国債買い入れの対象を，残存3年ものに拡大しました．（すなわちそれ以前よりも長めの期間にわたる資金供給を行ったわけです）．その結果，前掲図9-1でわかるように，3年程度以下の長期金利はすべて低下し，短期金利の水準に近い水準で横這いとなっています．

3) 例えば，先行きの経済情勢を眺めて物価上昇の見方が強まれば予想インフレ率が高まりますし，何らかの金融不安感が高まり，長めの期間の資金が調達しにくくなるとの見方が強まると，他の状況よりはリスク・プレミアムが高まり，その期間の取引金利水準は上昇します．逆に，後で述べるように，中央銀行の時間軸政策によって当分の間金利は上昇しないとの見方が強まれば，短期金利との金利差は縮まってきます（イールド・カーブは寝てきます）．
4) これは時間軸効果と呼ばれるもので，近年の金融政策ではその意義が高まっています．時間軸効果については第Ⅱ部第16章で詳しく触れます．
5) ただし，長期金利の動向を考えるには政府の財政状況がかく乱要因となる可能性があります．政府の財政赤字（＝国債発行残高の増加）は金利体系の動向に大きな影響を及ぼすからです．政府はその財政赤字を長期国債の発行で埋め合わせることが多いのですが，長期国債の発行増加は長期資金の需要を増大させ，一般的に長期金利の上昇をもたらします．また，国債発行残高の累増（日本では1000兆円に達しようとしています）は，長期国債の既存の保有者による国債売却を誘いがちであり，これも長期資金の需要増大要因となります．従って，財政赤字は中央銀行の意思とは無関係に長期金利の上昇をもたらす要因となり，中央銀行による金利体系への働きかけの効果を削減してしまいます．このため，長期金利を低下させるためには，中央銀行による長期資金の供給を増やす（すなわち，国債の購入）が必要となります．これが現在に至るまで巨額の量的緩和政策が行われている背景ですが，政策が効を奏して景気が回復し民間部門の長期資金需要が増えると，財政部門との間で長期資金の奪い合いが生じ，長期金利の上昇を招きます．また，中央銀行による国債購入が過度に行われると，中央銀行による政府からの直接購入につながりかねず（これは財政法で禁じられており，実現の可能性は低いと思われますが），そうなると国債発行の歯止めが効かなくなるおそれも生じます．その結果，国債は金融市場からの信認を失い，国債売却が拡大し長期金利の上昇につながりかねません．

第10章　金利水準の変更と経済活動への影響

1　中央銀行の目的と金融政策の理念

　第1章，第2章で見たように，世界各国の中央銀行は，それぞれその創設時の目的はさまざまであったことは否定できませんが，現在ではいずれの中央銀行の目的も，法貨である銀行券を発行するとともに金融政策を行うこととされています．そして，その金融政策を行う際には，物価の安定（すなわち，裏返せば通貨価値の安定）を達成することを通じて国民経済の健全な発展に資することを目指す（理念とする）とされています．日本でも，下記の日本銀行法の条文でも明確に分かるように，中央銀行という組織が営まれる目的と理念はそのように記されています[1]．すでに見てきたように，通貨すなわち銀行券は中央銀行の負債であり，中央銀行は物価の安定によって自分の負債，すなわちそれを保有する人々の資産の価値を守ろうとしているのです．

〈日本銀行法〉
（第1条）　日本銀行は，我が国の中央銀行として，銀行券を発行するとともに，通貨及び金融の調節を行うことを目的とする．
（第2条）　日本銀行は，通貨及び金融の調節を行うに当たっては，物価の安定を図ることを通じて国民経済の健全な発展に資することをもって，その理念とする．

2　激しい物価変動の弊害

(1)　需給関係と物価変動
　一般的に言って物価は，財・サービスの需要額（＝購入力の大きさ）と供給額

（＝生産・販売の大きさ）との関係で決まります．すなわち，需要＞供給であれば物価は上昇し，逆に需要＜供給であれば物価は低下します．

　ただ，このうち需要の大きさは短期的にかなり変化します．例えば，天気が良ければ傘への需要はありませんが，急に雨が降り出せば途端に人びとは傘を求め出します．一方，供給量（すなわち生産し，販売する大きさ）の水準は，需要の変化に応じて短期的に臨機応変に対応することが難しいのです．天候が崩れ傘の需要が高まったとしても，急に傘の生産設備を拡張し，販売のための店舗，人員を増やすわけにはいきません．このような需要の急変に備えて，企業や店舗は通常ある程度の在庫を抱えておき，とりあえずはその在庫で対応します．その後，需要増加がある程度恒常的なものであると判断されて初めて，企業は増産やそのための設備投資に踏み切るのです．このように，需要と供給を常に完全にバランスさせることは実際には容易ではなく，その時の経済情勢によっては，あるいは個別の財・サービスによっては，短期的に多少の物価変動が生じることはやむを得ないと思われます．

　しかし，経済全体を見渡して，財・サービスに対する総需要と総供給との関係が大きくバランスを欠くようになると，全体としての物価水準は大きく，かつ継続的に上昇（インフレーション；inflation）または低下（デフレーション；deflation）します．こうした物価水準の変動は国民経済全体の動向に支障を及ぼす可能性が高いので，激しいインフレーション，デフレーションはともに，何としてでも避けなくてはなりません．

(2) インフレーション

　なぜ，インフレーション，デフレーションは回避されねばならないのでしょうか．まず，図10-1に示すように，インフレーションは時を追って，物価水準が上昇していく現象です．この場合には，財・サービスの需要者（購入者）は物価が上がらないうちに早く購入しようと焦りますが，逆に供給者（生産者・販売者）はすぐに生産を増やせないですし，また，後になればなるほど高く売れるので，生産・販売の増加をできるだけ遅らせようとします．その結果，財・サービスの供給は細り，その価格はますます上昇するスパイラルに入っていき，最終的には，多くの財・サービスの生産・販売が細ってしまい，国民経済に深刻な打撃を与えます．[2]

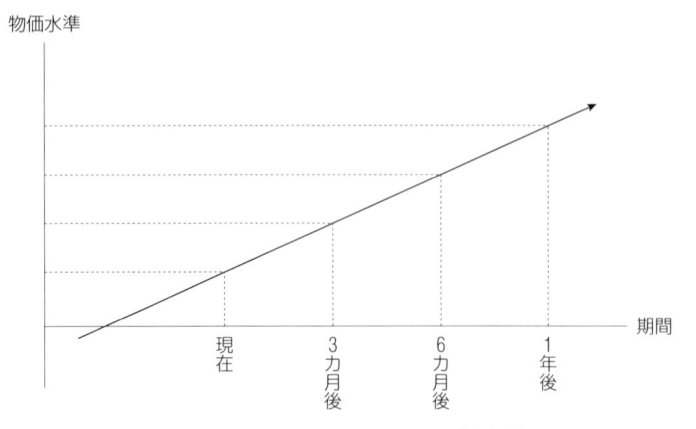

図10-1　インフレーションの概念図

(出所)　著者作成.

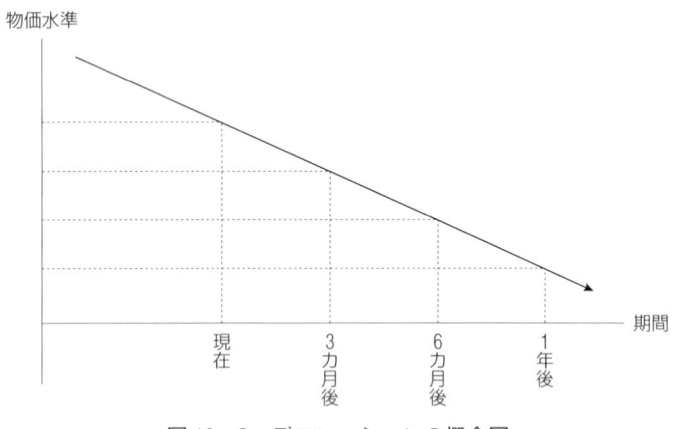

図10-2　デフレーションの概念図

(出所)　著者作成.

(3) デフレーション

　一方デフレーションは，図10-2に示すように，時を追って，物価水準が低下していく現象です．この場合には，財・サービスの供給者（生産者・販売者）は物価が下がらないうちに，まだ価格が高いうちに早く生産し売ってしまおうと考えますが，需要者（購入者）は，後になればなるほど安く買えるので，購入をできるだけ遅らせます．その結果，最終的には財・サービスの購入が次第に衰え，販売が減るので生産者も倒産が多発します．その結果，この場合にも

生産・販売が細り国民経済に深刻な打撃を与えます．

なお，デフレーションという言葉は，前記のように物価水準の継続的な低下傾向自体を指すだけでなく，そうした物価状況をもたらした経済不況自体を指す場合にも用いられます．日本経済はバブル経済崩壊後の1990年代から現在に至るまで，実際の総需要が経済全体の供給力の水準を下回る巨額の需給ギャップが生じるデフレ経済（失われた20年と言われています）に陥り，この結果消費者物価指数も前年水準を割り込む状態が続いています．

3　金利水準の操作と経済への影響

(1)　金利と経済活動

個人による消費や住宅投資，企業による設備投資などといった経済活動は，それに要する資金の調達が容易か否か（つまり借入金利が高いか低いか，それが今後どのように動くか）によって大きく左右されます．例えば，個人の住宅投資では，30年程度の長期借り入れとなる住宅ローンの金利が重要ですし，自動車を購入する場合には5年程度の中期借り入れとなる自動車ローン金利が注目されます．企業の設備投資の場合でも5年から30年を超える長期の借入金利の状況を眺めて決断することが多いのです．

このように，実際の経済活動には中長期の金利の動向が大きな影響を及ぼします．中長期の金利水準が上昇すると，調達コスト（借入利子負担）が増え，それだけ資金調達が難しくなり，個人消費，住宅投資，設備投資など財・サービスに対する需要は減少します[3]．その結果，財・サービスの供給（生産）も次第に減少し，雇用も減るので，経済活動は全体として弱まっていきます．

逆に，中長期の金利水準が低下するとそれだけ資金調達が容易になりますので，住宅投資，設備投資，個人消費など財・サービスに対する需要は増加（少なくとも減少の幅は小幅にとどまる）し，財・サービスの供給（生産）も次第に増加し，雇用も増えます．

これを一般化すれば，

　①　長期金利の変動は，まず短期的に財・サービスの需要に大きな影響を及ぼし，

　②　それが中長期的に，財・サービスの供給（生産）の水準にも影響し，

> **Box 10**　　高度経済成長期の日本経済と金融政策の効果
>
> 　1950年代後半から1970年代初に至る時期の日本経済は，毎年の経済成長率（年率）が10％を超える高度経済成長を実現しました．このような経済では，個人消費や企業の設備投資などの需要が盛り上がり，それに応じて生産，雇用も拡大し，それがさらに消費，設備投資を拡大していきました（投資が投資を呼ぶ，と言われました）．
>
> 　こうした経済成長は時に景気の過熱をもたらし，物価が上昇し始め，そのまま放置しておくとインフレーションとなる心配があります．インフレーションを未然に防ぐために，日銀としては金利水準を全体として上げたい（つまりイールド・カーブを上にシフトさせたい）との姿勢をはっきりと金融市場に示すために，政策金利（当時は日銀からの貸出に適用された公定歩合）を引き上げました．
>
> 　この金融政策によって，インターバンク市場の金利が変化し，イールド・カーブ全体も上方にシフトし，最終的には長期金利の上昇をもたらしました．この結果，長期資金の借り入れが難しくなり，設備投資や住宅投資などの需要が鈍り，景気の過熱は収まっていき，金融政策は迅速にその効果を表していきました．
>
> 　ただ，日銀が金融緩和（金利の引き下げ）に転ずると，もともと需要の旺盛な経済体質を反映して，すぐに資金需要は盛り返してきました．

　③最終的には景気の方向（好転あるいは悪化）を誘導する，

ということとなります．この中長期金利と経済活動との関係は次のように整理することができます．

　　i（長期金利）の上昇→需要の減少→生産・雇用の減少→景気悪化へ
　　i（長期金利）の低下→需要の増大→生産・雇用の増加→景気好転へ

(2)　政策金利の変更と中長期金利への影響

　そこで中央銀行は，長期金利の水準に影響を及ぼすことで，経済全体の総需要と総供給の関係を変化させ，最終的に物価の動きを安定化させようとしますが，通常，中央銀行が直接的に誘導できるのは短期インターバンク市場における政策金利，すなわち，多くの中央銀行が政策金利としているオーバーナイト物取引金利だけです．

　しかし，中央銀行は政策金利を自らが適当と考える水準にまで誘導する（あるいは変更しない）ことによって，第9章で確認したように，金利体系（イール

Box 11　現在の日本経済と金融政策の限界

　バブル経済が崩壊した1990年代初頭以降現在に至るまでの約20年間，日本経済は，「失われた20年」と言われるほど長い不況に悩まされています（2000年代に入ってから輸出の増大などによりやや活況を取り戻した数年間もありましたが，総じて元気がありません）．個人消費や企業の設備投資などの需要面は盛り上がりに欠け，それに伴い生産，雇用も停滞し，経済成長率はせいぜい1-2%程度で推移しています．

　こうした経済実態を反映して物価は低下傾向を持続し，放っておくと深刻なデフレーションに陥る懸念さえささやかれていました．

　深刻な不況，デフレーションを未然に防ぐために，日銀としては金利水準を全体として下げたい（つまりイールド・カーブを下にシフトさせたい）との姿勢をはっきりと金融市場に示すために，政策金利（コールレート・オーバーナイト物）を下げていきました．日銀としては，これに伴い，イールド・カーブ全体も下方にシフトし，長期金利も下落するので，その結果として，長期資金の借り入れも容易となり，個人消費や設備投資が活発化し，生産活動も活発となることを期待したのです．

　しかしながら，金利を下げていっても企業などの資金調達意欲は盛り返すことがなく，経済はなかなか活発化しませんでした．遂には，政策金利を事実上のゼロ水準にまで誘導しても（このゼロ金利政策については，第13章で詳しく触れる予定です），経済に刺激を与えることができませんでした．

　注）　ゼロ金利になっても，物価下落が継続していたので，下式に示すように企業の実質的な資金調達コスト（実質金利）は物価上昇局面とは逆に高止まりしており，その面からも企業は設備投資に踏み切ることはできない状況でした．

　　　ⓐ 企業が資金調達コストとして金融
　　　　機関に支払う金利（名目金利）............+1%
　　　ⓑ 物価上率昇..............................-1%
　　　ⓒ 実質的な資金調達コスト（=ⓐ-ⓑ）......+2%

ド・カーブ）に影響を及ぼし，最終的には間接的ながら長期金利水準に影響が及ぶことを期待します．また，設備投資をしようとする企業など長期資金の需要者側でも，中央銀行の考え方に注目し，その金融政策の姿勢（政策金利をいつ，どのような方向に，どの程度動かそうとするのか）を推測します．そのうえで，長期金利の動向をある程度見定め，本当に長期資金を調達するかどうか，を決定しますので，中央銀行はこうした中長期金利水準を通じて経済の総需要・供給に影響力を及ぼすことがある程度可能となってきます．とくに，こうした経路を通じる金融政策の効果は，経済全体の総需要が極めて旺盛であった1960年

代から1970年代の高度経済成長期には大きな政策的影響を及ぼすことができました（Box 10 を参照）．

4　金融政策のジレンマと中央銀行の独立性

(1)　金融政策のジレンマ

　中央銀行の目的は物価の安定（すなわち通貨価値の安定）であるとされていますが，実際の金融政策の運営では，景気の安定（あるいは景気の刺激，拡大）にもかなりの配慮が求められることが多いのは事実です．例えば，アメリカのFRB は，連銀法によって物価安定と景気維持（雇用維持）の両面の達成を求められています．

　しかしながら，物価の安定と景気の安定は相反することが多く，これを同時に達成することは容易ではありません．例えば，経済全体の需要が極めて旺盛で，需要に生産が追いつかず，このままでは物価が上昇してしまうといった景気過熱の状況では，中央銀行は需要を冷やすために金利を上げます．その結果，需要が冷め物価は安定したとしても，逆に生産拡大が止まり，雇用も不安定となります．

　一方，需要が伸び悩んでおり，財・サービスが売れず不景気な状態を仮定します．その場合には，中央銀行は需要を刺激し拡大するために，金利を下げます．その結果，需要は拡大し，生産が増え雇用も拡大します．しかし，その一方で，需要増大を反映して物価が次第に上昇し始めます．これには，後述するように輸入物価の上昇も影響します．

　このように，物価と景気（生産，雇用）との関係は，一般的に図10-3に示すように，相反した関係にあると考えられています．この曲線はイギリスにおけるこの両者の関係を初めて実証した学者の名前をとってフィリップス曲線（Philips-curve）と言われています（実際には，国によって，あるいは分析対象の時期によって描かれる曲線は千差万別で，ここに示したようなきれいなカーブではないことは理解して下さい）．

(2)　中央銀行の独立性

　景気情勢と物価情勢がフィリップス曲線に示されるような関係にあるとすると，中央銀行としては，その政策の最終的な目的が物価の安定にあるとしても，

物価水準
高
A
B
C
低
生産（雇用）
大　　　　　　　　　　　小
（景気が良い）　　　　　　（景気が悪い）
（失業率　低）　　　　　　（失業率　高）

図10-3　フィリップス曲線

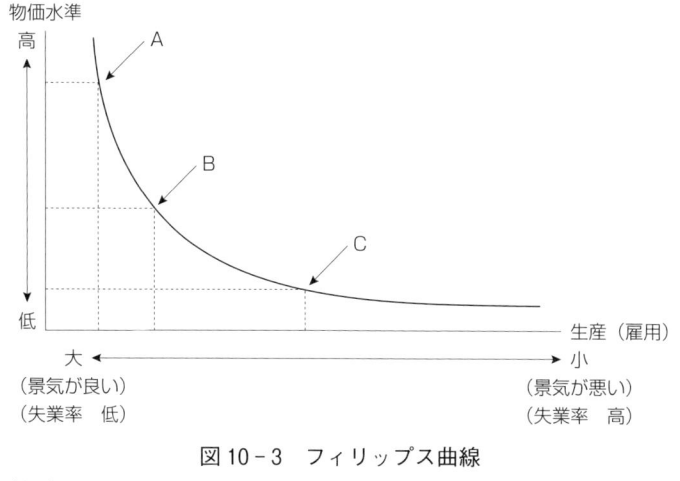

（出所）　著者作成.

景気を犠牲にしてでも常に何が何でも物価の安定だけを追求する訳にはいきません．物価水準と景気の状況との両方を常に注視して，その両者のバランスをとろうとする必要があるでしょう．すなわち，図10-3のフィリップス曲線で示した点Aでも点Cでもなく，点Bが現実的に望ましい組み合わせと考えられます．

　中央銀行が物価上昇を懸念して金利水準を引き上げようとする（点Cを目指す）と，そこではかなり景気が悪化する（失業率が増える）こととなるので，それを心配する政府からの引き上げ反対（あるいは引き上げ時期の延期）の要請が強まる可能性があります．政府はどうしてもその政治的な立場を反映して，多少の物価上昇を伴っても景気の悪化阻止，景気の改善を求めます（図10-3における点Aを目指します）．問題は，中央銀行がこうした政府からの圧力に屈せずに，物価安定を確保するために必要な金利引上げを行えるかどうかであり，少なくとも点Bの物価水準を達成できるかどうか，です．こうした政府からの政治的な要請の影響をできるだけ避けて，中央銀行としての当初の考え方を実施に移せるかどうか，その力をもたらすのが中央銀行の独立性です．

　世界の中央銀行の実態を見ると，かつて第１次世界大戦後の超インフレーションを経験したドイツでは，物価上昇に対する国民的な警戒心が非常に強く，そのため中央銀行であるドイツ連邦銀行は常に物価安定を強力に優先した政策を実施してきました．[6] このように，ドイツ連邦銀行は極めて独立性が強い中央

銀行であり，その伝統を受け継いだヨーロッパ中央銀行（ECB）も，ユーロ通貨圏における物価動向に対する警戒心が最も強い中央銀行となっています．

一方，アメリカのFRBも，その政策決定に当たり政府や議会から独立性は強く保たれていますが，前述のように連銀法によって，物価安定と景気維持（雇用維持）の両面の達成を求められており，時にその両立に悩む場面も見受けられます．実際に2012年12月には，FRBは容易に7％台から低下しない失業率をながめて，「物価上昇率が2.5％を上回らない限り，失業率が6.5％に下るまで，事実上のゼロ金利政策を続ける」との政策方針を打ち出し，雇用状況の改善に一段とウエイトを置いた姿勢を鮮明にしています．

また，日本銀行は「物価の安定」をその政策の理念としており，1998年に改正施行された現行の日銀法でも政府からの独立性は高まったと言えますが，その第4条で「政府の経済政策の基本方針と整合的なものとなるように，常に政府と連絡を密にし，十分な意思疎通を図らなければならない」とされているように，政府との調整に配慮をしなければならない可能性が残されています．

第1章の冒頭で述べたように，中央銀行による金融政策もマクロ経済政策の一環であり，政府の経済政策との整合性を確保するために，金融政策が目指すべき目標について政府と十分に議論し，意思を統一しておく必要があります．しかし，あくまでも政府は政治的目的を達成するための組織であり，どうしても政治的な配慮が優り，つねに選挙を意識しており，その結果，経済政策は景気刺激（その結果としてのインフレ助長）に傾きがちとなります．従って政府は，中央銀行に対しては極力金融緩和を求める立場にあり，状況によっては物価動向を懸念して引き締めの方向に向かおうとする中央銀行と相反する局面が生じることは避けられません．

そうした際に，金融政策に政府の意向が色濃く反映していると金融市場が感じると，金融市場は，中央銀行よりも政府の意向を勘案して動くこととなり，その結果中央銀行が狙った金利体系の形成もうまくいかず，最終的には物価動向のコントロールを的確に行うことができず，国民経済に大きなゆがみを与える可能性が高まります（そうなることは最終的には政府にとっても望ましいことではありません）．従って，金融政策のありかた，目指すべき大きな方向性については政府・中央銀行間で意思統一を行うことは求められるにしても，政策目的達成のための手段，達成時期など具体的な内容については，中央銀行に任せることが必要です．中央銀行の業務の責任を担う総裁などの役員についても，政府

の意向に安易になびかず，純粋に中央銀行としての責務達成を目指せる人材が配置されるべきです[7]．このようにして具体的に形成された中央銀行が，その政策遂行に当たって常に政策内容やその狙いについて国民，金融市場に明瞭に説明する，いわゆる説明責任を果たしていくことで初めて，中央銀行に対する金融市場の信頼感が生まれるのです．また，そうした信頼感がなければ中央銀行は自らの望ましい金融市場を的確に生み出していくことはできません．

(3) 外国為替相場と金融政策

なお，中央銀行が独立して金融政策を行うためには，もう１つ悩ましい問題があります．金融政策を考えるうえで，どのような外国為替相場が望ましいか，という問題です．国内の物価水準の安定化を目指して金融を引き締めると，一般的に外国為替相場は自国通貨高（日本では円高）となり，輸出が伸び悩み国内景気は鈍化しますが，輸入物価水準の低下を通じて国内物価水準の低下，安定化につながります．しかし，逆に，国内景気の刺激，拡大を目指して金融を緩和すると，一般的に外国為替相場は自国通貨安（円安）となり，輸出が増大し国内景気には好影響を与えますが，輸入物価は上昇してしまい，つれて国内物価水準の上昇につながります．

このように，景気の刺激，物価の安定，外国為替相場の好ましい水準への誘導の３つを同時に達成することは容易ではありません．政府からは，国内の景気刺激を優先し自国通貨安とするために，金融緩和を期待する声が強まりがちですが，それに沿った金融緩和措置は物価水準の上昇につながる可能性が高いことから，中央銀行としては安易に考える訳にはいきません．このため，日本も含め，中央銀行としてはあくまでも物価の安定を最優先とし，外国為替相場の水準については政府が責任をもって対応するとしている国が多いのですが，そうした国においても，景気刺激策の一環として自国通貨安をもたらすような金融緩和を強く望む声は，政府だけでなく経済界全体からも絶えることはなく，中央銀行が実際に金融政策を行ううえで，外国為替相場がどうなるか（どうするか），という点は無視できないポイントとなっています．

注
1) 日銀法の条文の中には金融政策という言葉は見当たらず，「通貨及び金融の調節」とやや具体的な行為として記されていますが，これが金融政策を意味します．

2） インフレーションには，需要が供給力を大きく上回って生じるインフレーション（これをディマンド・プル・インフレーション；demand-pull inflation と言います）のほかに，需給関係には無関係に，原油価格や穀物価格の上昇など生産コストの継続的上昇によってもたらされるインフレーション（これをコスト・プッシュ・インフレーション；cost-push inflation と言います）があります．コスト・プッシュ型にしても，一旦発生すると需要者は価格がさらに上昇しないうちに購入しようとして需要が増えますので，経済に大きな影響を及ぼすことには変わりませんが，コスト・プッシュ・インフレーションは国際的要因によって生じることが多いため，経済政策上そのコントロールは一段と難しいものがあります．
3） 少なくとも需要の増加は小幅なものにとどまります．
4） とくに需要の大きさを短期的に変化させます．
5） 残存期間の長い国債を売買することなどによって，より長い取引期間の金利を誘導することはできないわけではありませんが，長期金利は取引当事者の資金需給だけでなく，長期的な予想インフレ率などをどのように考えるか，といった問題があり，中央銀行にとって，短期金利に比べて直接誘導することは容易ではないのは事実です．
6） ドイツ連邦銀行は，物価上昇の気配がある時には，景気情勢や政府の意向にかかわらず，すかさず金利を引き上げるなど必要な措置をとってきました．
7） 総裁をはじめとする日銀の政策委員会の構成員9名については，国会の同意を経て内閣が任命しますが，国会での審議に当たって，一段の金融緩和に消極的な委員候補者は同意が忌避されるケースも見受けられるなど，政府，政治（時の政権が衆参両院の多数を占めていない，いわゆる「ねじれ国会」の状況下では，与党のみならず野党の意向にも大きく左右される場合があります）から完全に独立した人材によって金融政策が運営されることは実際には難しいようです．

第II部

金融危機と金融政策

第Ⅱ部「金融危機と金融政策」では，第Ⅰ部で得られた金融政策に関する基本的な理解を前提として，主としてバブル経済が崩壊した1990年代以降の日本の金融政策について，なぜそのような政策が実施されるに至ったのか，詳しく解説していきます．その背景を理解するためには，まずは日本経済の変遷などを辿っていく必要があります．

　また，2007-2008年のアメリカのサブプライム・ローン問題やリーマン・ショックを契機として発生した世界的な金融危機，さらには最近のユーロ通貨不安などについても触れ，こうした問題に日本や欧米主要国の中央銀行がどのように対応してきたのか，そうした点を中心に考えていきたいと思います．

　そして，いずれの対応においても共通しているのは，第Ⅰ部で説明したような従来型の金融政策（伝統的金融政策）ではなく，ゼロ金利政策や量的緩和政策などこれまで実施されることが少なかった非伝統的政策に打って出ざるを得なくなった中央銀行の姿です．しかし，そうした必死の対応にもかかわらず，容易に経済状況は好転せず，各国の中央銀行の苦悩は続いています．最後に，こうした中央銀行政策の現状を踏まえて，日本や欧米先進国のような成熟した資本主義国における，これからの中央銀行のあり方についても考えてみたいと思います．

第11章　日本経済の歩んできた道
――高度経済成長を経てバブル経済の発生へ――

はじめに

　この章と次の第12章では，第2次世界大戦後の廃墟から立ち上がった日本経済が，その後どのように変遷して現状に至ったのか，そのおおよその経緯を辿ります．金融政策の本の中でどうして日本の現代経済史を学ぶ必要性があるのか，と不思議に思う人もいるかもしれません．しかし，金融政策は，経済の実情を前提に，物価の安定化を通じてその経済をより良いものにする（あるいは，一層の悪化を避ける）ために中央銀行が行う経済政策です．したがって，金融政策を巡る議論の中では，その国における財・サービスへの総需要と総供給（すなわち総生産・販売です）との関係がどうなっているのか，なぜそうした状況になったのか，といったポイントが常に重要な論争点となります．従って，金融政策を学ぶ者は，具体的な政策の大前提として，日本と世界の経済の実情を理解していなければなりません．歴史の展開は連続しており，とくに，これまでに日本経済が歩んできた現代経済史の変遷をおおまかに理解していないと，現在の日本経済の実情とその背景も理解したことにはなりません．第Ⅱ部のメインテーマであり，1990年代以降の日本で行われてきたゼロ金利政策や量的緩和政策といった特異かつ非伝統的な金融政策は，一体どのような内容の政策であったのか，なぜそのような政策が実施されるに至ったのか，こうした点を理解するためには，是非とも必要な前提知識ですので，しっかりと学んで下さい．

1　第2次世界大戦の終戦から戦後復興へ

(1) 敗戦と猛烈なインフレーションの発生
　第2次世界大戦（太平洋戦争）は1945年8月に日本が敗北して終結しました．

表11-1 経済安定九原則およびドッジ・ラインの骨子

【国内の総需要の削減のための施策】
① 政府支出の抑制など超緊縮予算の実施 ② 徴税強化
【インフレーションの抑制のための施策】
③ 賃金の安定化 ④ 物価の統制強化
【輸出の増大，国内生産の増大のための施策】
⑤ 輸出の増大 ⑥ 円の外国為替固定レート（1米ドル＝360円）の制定

(出所) 安藤良雄編『近代日本経済史要覧』(東京大学出版会, 2001年) などから作成.

　日本では，それに先立つ1945年初頭の頃からほとんどの大都市，工業地帯は連合国軍による空襲を受けて，事実上の焼け野原となってしまいました．工場や機械類は消失し，日本経済の生産能力は大幅に低下しました．その一方で，焼け出された人びとは毎日の生活をしのいでいかねばならず，また，終戦に伴いそれまで戦地に赴いていた膨大な数の将兵も軍隊から復員してきましたが，まともな雇用もなく余剰人員を生み出しました．

　この結果，生活必需品を中心に大きな需要が発生しましたが，日本経済はそれに応える生産能力に欠いていましたので，物資は不足し，猛烈な物価上昇（インフレーション）に見舞われました．具体的には，戦前1934-36年の物価水準に比較して，1950年には卸売物価は約250倍，消費者物価は約200倍の上昇を記録する猛烈なものでした．

　したがって，戦後の日本経済と政府の経済政策がまず直面した課題は，このインフレーションをどうやって抑えるか，というものでした．そして，実際にこのインフレーションを収束させたのは連合国軍最高司令部（GHQ）からの経済安定のための九原則の勧告（1948年12月）とドッジ・ライン（1949年3月）の実施でした．経済安定九原則とドッジ・ラインは，**表11-1**に示すように，インフレーションと国内消費を抑制するとともに，輸出促進などを内容とした諸施策でした．こうした施策が強力に実施された結果，さしものインフレーションは終息しましたが，その代わりに政府支出の削減によって国内経済は大きな不況に見舞われ，本格的な生産増大には結び付きませんでした．

(2) 朝鮮特需と日本経済の離陸

日本経済の本格的な生産回復のきっかけは朝鮮戦争（1950年6月-53年7月）でした．朝鮮戦争は，北朝鮮軍およびそれを支える中共軍と，アメリカ軍を中心とする国連軍とが対峙した戦争で，朝鮮半島を舞台に3年間にわたり壮絶な戦いが繰り広げられました．

日本はこの戦争に直接は巻き込まれませんでしたが，戦場に隣接する経済として，国連軍（アメリカ軍）により膨大な軍事関係物資が日本企業に発注されました．この特別な軍事需要（朝鮮特需）により，日本の国内企業は生産水準を回復し，一気に息を吹き返すこととなったのです．隣国の悲惨な戦況を踏み台としてものでしたが，朝鮮特需を契機に日本経済は再び経済成長に向けて離陸（テイクオフ）したのでした．

2 高度経済成長

(1) 高度経済成長

朝鮮戦争の特需によりテイクオフした日本経済は，その後1955年から1973年までの20年近くの間，平均10％前後の年率で経済が拡大する高度経済成長期を迎えます．

この期間の経済成長率（GNPベース）は実質で9％，名目で13％のハイスピードでした[1]．この間，物価は年率＋3-4％程度の幅で安定的に推移していきました．急速に生産が拡大したことに伴い慢性的な人手不足が生じ，大都市圏の企業は地方からの中卒者の集団就職で人員を確保しました（この時代に中卒者は「金の卵」と言われました）．したがって，全体としての失業率は極めて低いものでした．

企業の生産拡大に伴って雇用が確保され，所得も伸びたことにより，家計（個人）はそれまで満たされなかった財・サービスを求め始めました．使い勝手のよい製品が出回り出したこともあって，家庭電化製品や自動車などの耐久消費財が購入され，普及していきました．例えば，古代から天皇家に伝わる三種の神器（剣，鏡，勾玉）になぞらえて，1960年代には電気洗濯機，電気冷蔵庫，白黒テレビが家庭の三種の神器としてもてはやされました．さらに1970年代に入ると，自動車（Car），クーラー（Cooler），カラーテレビ（Color TV）の3Cが爆発的に売れました．

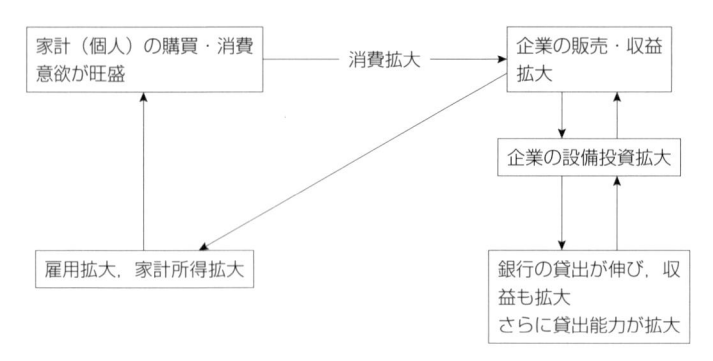

図11-1　高度経済成長期の好循環

（出所）著者作成．

　現在，国際的な大企業となった日系の電機，自動車メーカーの中には，この時代に急速な発展を遂げた企業が多く見受けられます．こうした企業は，個人（家計）部門の旺盛な需要に応えるために，生産拡大のための設備投資を積極的に行い，生産能力（供給力）を高めていきました．このような高度成長期には，企業は製品をすぐ売ることができ（むしろ，作っても作っても足りない状態），毎期の増益が期待できましたので，安心して増産のための設備投資を実施に移すことができました．その設備投資需要がさらに他の企業の設備投資を誘発する，「投資が投資を呼ぶ」状況を生み出したのです．
　一方，金融機関は，融資資金の回収が確実でしたので，企業の設備投資のための資金を安心して融資できましたし，さらに，企業の従業員は，雇用が安定し所得も増え，安心して消費を増やしていきました．この結果，図11-1に示されるように，各経済主体が相互に刺激し合いながら経済全体が拡大していく好循環に入っていったのです．

(2)　高度成長と金融政策
　高度経済成長期においては，家計（個人），企業の需要は極めて旺盛でしたが，それに応じるかたちで企業の生産（供給）能力も急速に拡大していきました．それでも，需要が高まり景気が過熱すると物価が上昇し始めますし，輸入が増えることによって当時の少ない外貨準備（現在とは異なり，せいぜい20億ドル程度でした）が枯渇する可能性がでてきます（「外貨準備高の天井」と言われました）．そのような場面では，日銀は金利（公定歩合）を引き上げる引き締め政策[2]

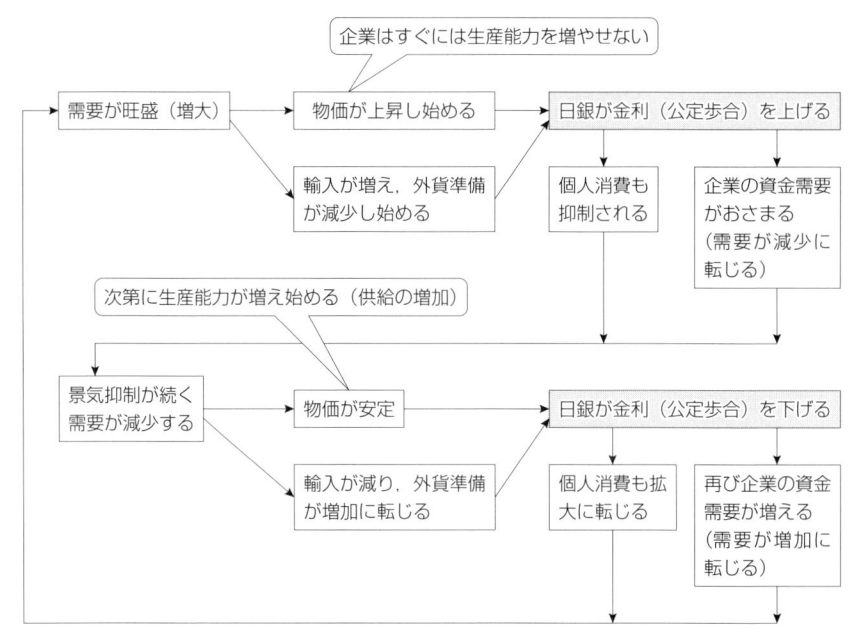

図11-2 高度経済成長期の金融政策

フロー図:
- 需要が旺盛（増大） → 物価が上昇し始める（企業はすぐには生産能力を増やせない） → 日銀が金利（公定歩合）を上げる
- 物価が上昇し始める → 輸入が増え，外貨準備が減少し始める
- 日銀が金利（公定歩合）を上げる → 個人消費も抑制される
- 日銀が金利（公定歩合）を上げる → 企業の資金需要がおさまる（需要が減少に転じる）
- 次第に生産能力が増え始める（供給の増加）
- 景気抑制が続く 需要が減少する → 物価が安定 → 日銀が金利（公定歩合）を下げる
- 物価が安定 → 輸入が減り，外貨準備が増加に転じる
- 日銀が金利（公定歩合）を下げる → 個人消費も拡大に転じる
- 日銀が金利（公定歩合）を下げる → 再び企業の資金需要が増える（需要が増加に転じる）

(出所) 著者作成.

に転じ，個人の消費や企業の設備投資など国内需要を冷やし，その結果として，輸入を抑制しようとしました．

この金融政策の発動（公定歩合の引き上げなど）による引き締めはその効果を良く発揮し，過熱しかかっていた経済は安定化するなど，総需要のコントロールは総じてうまく行われ[3]，それに伴い，結果的に供給能力がネックとなって生じる大幅な物価上昇には至りませんでした（原油価格も，後でみるオイル・ショックまでは幸いなことに安定的に推移しました）．この時期の金融政策を巡る状況は図11-2のような循環を辿っていたと考えることができます．

(3) オイル・ショック

このような高度成長を謳歌していた日本経済は，1970年代に入ってから変容し始めます．その契機は2度にわたるオイル・ショックの発生です．第1次オイル・ショックは1973年10月にイスラエルとエジプトなどのアラブ諸国との間で勃発した第4次中東戦争がきっかけです．アラブ諸国を中心とする石油輸出

表11-2 日本の実質GNP成長率の推移(その1)

時　期	平均年率 (%)
1961-70年	10.9
1970-75年	6.1
1973-77年	3.1

(出所) 内閣府統計などから作成.

国機構(OPEC)がイスラエル支援国への原油輸出を制限したことなどから, これに伴い世界の原油価格は僅か3カ月間で4倍に上昇しました[4].

さらに, 5年後の1979年には, その前年から生じたイラン革命の影響を受けて, イラン産原油の輸出中断などで原油価格が再び上昇しました(これが第2次オイル・ショックです).

この原油価格の大幅上昇をきっかけに, 日本経済の経済成長率(実質GNPベース)は1970年代後半には平均年率3%台へ低下し(表11-2), 一気に不況色が強まりました. とくに, 第1次オイル・ショックの翌年の1974年には前年比-1.3%と高度成長期以降初めてマイナス成長となりました.

このような日本経済の低成長化には, おおよそ2つの背景があると考えられます. 1つは, 言うまでもなく, 原油価格が大幅に上昇し, エネルギー面の制約に直面したことです(これは, いわば経済の供給面の制約と言えましょう).

もう1つは, これまで旺盛であった財・サービスに対する家計(個人)の需要が一巡したことです. 前記のような三種の神器や3Cといった, 人びとが渇望していたものは一通り揃ってしまい, 欲しいものが少なくなった状態に陥ったのです. 戦後不足していた社会的なインフラも一通り整備されてきました(これは, いわば需要面の制約が生じた, と言えましょう).

こうしたエネルギーコストの上昇と国内需要の減少という新たな経営環境に対して, 日本の企業はどのように対処したのでしょうか？ 最も目覚ましいのは, エネルギー・コストの上昇分を吸収できるような技術向上を目指した企業努力です. 例えば, 原油価格(ガソリン価格)の上昇を受けて日本の自動車メーカーは, 燃費効率が良い(すなわち大量のガソリンが要らない低燃費の)自動車エンジンの開発に努め, それを達成しました. さらに, 雇用の削減や生産性上昇をもたらす合理化設備投資などに努め, 経営コストを削減しました.

こうした努力によって, エネルギー価格の上昇という災いを転じて国際的な

競争力を獲得した日本の企業は，需要が伸び悩み始めた国内市場だけに頼らず，海外市場（とくにアメリカ）向け輸出に力を入れました．燃費が著しく向上した自動車部門を中心に対米輸出が増大し，貿易収支は大幅な黒字を記録しました．逆に言えば，アメリカの対日貿易収支は大幅な赤字化を強いられ，日本からの洪水のような輸出攻勢をかけられたアメリカ製造業（とくに自動車産業）は大きな打撃を受けることとなります．

(4) ニクソン・ショック

この間，アメリカはベトナム戦争（1964年8月-1973年1月）に深く介入し，その泥沼化などにより膨大な資金と人員を消耗するとともに，国内産業が急速に弱まっていきました．日本や西ドイツとの間の大幅な貿易収支赤字に悩み始めたアメリカは，ついに1971年8月に，ニクソン大統領がドルと金との交換性を停止すると発表しました[5]．

こうしたアメリカの対外経済政策の転換とその後の多国間の協議（1971年12月のスミソニアン協定など）の結果，円ドル間の固定相場は1ドル＝360円から308円へと円高化が進み，さらにその後も変動相場化して円高化が進展しましたが，前記のような日本企業の対米輸出攻勢などもあって，対米輸出は増大し続けました．

3 バブル経済の発生

(1) プラザ合意

日本企業による洪水のような対米輸出の増大により，アメリカの産業界は悲鳴を上げました．このため遂に我慢できなくなったアメリカ政府は，日本や西ドイツに対して対米貿易収支の是正（すなわち対米黒字幅の減少）を求めました．

その結果，1985年9月ニューヨークのプラザ・ホテルで開催されたG5（先進5カ国の蔵相・中央銀行総裁会議）において，対米貿易収支の是正のための対策で合意が成立しました（これはホテルの名前をとってプラザ合意と言います）．この合意において，日本政府と日銀は，対米輸出に抑制効果が期待される円高方向に為替相場を誘導することを約束（円買い・ドル売りの為替介入）しました．この結果，1985年9月に1ドル＝240円台であった円・ドル相場は，1年後には1ドル＝120円台となり，一気に2倍の円高化が実現したのです．

(2) 金融緩和とバブル経済の発生

しかし，このように無理やり対米貿易の調整対策を行い，急激な円高化が実現したことにより，日本経済にとっては，対米輸出の急減に伴う国内企業の景況悪化が強く心配される状況となりました．

こうした不況懸念への対策として，日銀による金融緩和（当時は公定歩合の引き下げ）が強く求められ，日銀もそれに応える形で金融緩和を進めていきました．すなわち，1980年代初頭には8％台（1980年8月に8.25％）であった公定歩合は，順次引き下げられ，プラザ合意後の1987年2月には遂に史上最低の水準の2.5％にまで引き下げられました．そして，この水準は1989年5月に3.25％に引き上げられるまでの2年3カ月の長期にわたって，据え置かれたのです．この長期にわたる超金融緩和が逆に国内景気を刺激することとなり，1986年以降のバブル経済の発生をもたらした大きな背景となったことは否定できません．

(3) バブル経済

1980年代後半期（1986-89年）におけるバブル経済最大の特徴は不動産や株式などの資産の価格が急激に上昇したことです．例えば，東京や大阪などの大都市圏商業地はバブル発生前に比較して3.5-4倍程度の上昇が見受けられました．また，株価も異常な高騰を見せ，1985年頃には1万円程度であった日経平均株価は1989年12月末には3万8915円（史上最高値）と4万円に迫る水準に達しました．

超金融緩和を背景として，企業も個人も競って金融機関から低金利での融資を受けて，その資金で土地や株式，さらには絵画やゴルフ会員権といった資産を買い漁りました．購入する資産の利用価値などにはお構いなく，ただひたすら近い将来の値上がり益を狙った動きでした．

資産価格の上昇は，個人の消費行動も活発にしました．たとえ実際には実現していなくとも資産価格の値上がりで自らの資産が増えたように感じ，消費を増やしてしまう資産効果が強く出てきたのです．こうした個人消費の活発化を受けて，企業も販売・生産が増大し，その結果，将来の販売増大について確信した企業の中には更なる設備投資に踏み切る先も増えてきました．

金融機関も，企業や家計に対して，その購入する資産を担保とし積極的に融資に応じました．担保となる資産の価格は日々上昇するので，安心して貸し進むことができたのです[6]．通常であれば回収可能性が低いとして貸さない企業や

表 11-3 日本の実質 GDP 成長率の推移（その2）

時期	平均年率 (%)
1986-90年	4.8
1991-95年	1.5
1996-2000年	1.0
2001-2005年	1.4

(出所) 内閣府統計などから作成.

家計の案件についても，バブル期には，価格上昇が見込まれる担保（土地，株式など）があれば確実に回収できるとして，どんな案件でも積極的に融資に応じた金融機関が多く，今から見れば異常な融資姿勢でした．

超低金利という経営環境に加えて，もともと日本では，高度経済成長を経て不動産や株式など資産価値は常に趨勢的に増大していく（グラフに描けば右方に上昇していく「右肩上がり」）との土地神話を信じる気持ちが根強くあり，これが，資産価格の急速な上昇を目の前にして，「バスに乗り遅れるな」とばかりに企業も個人も，そして金融機関も，やみくもに資産購入とそれをバックアップする融資に走っていった大きな背景であったと思われます．

とくに，多くの企業が，本来の業務以外の分野で安易に収益をあげることを目指し，金融機関から借り入れを行って土地や株式などの資産を積極的に購入した，いわゆる「財テク」に走りました．次章で見るように，バブル経済がはじけると，財テクとして購入した資産の価格が急減する一方，借り入れた資金は直ちには返済できず，企業の大きな重荷となって残りました．金融機関にとっても，それは融資資金を回収できない不良債権となって残り，大きな重荷となったのです．

こうした異様な経済行為に伴い，企業も設備投資による生産能力拡大に努め（当然借り入れによる投資），経済全体の成長は5％程度とそれ以前（1970年代後半から1980年代前半）の3％台に比べると若干は拡大しました．しかし，表11-3に示すように，バブル経済崩壊後は1％台の極端に低い成長に陥ってしまい，そこから抜け出すことができなくなって現在に至っています．

なお，バブル期に旺盛だったのは土地や株式などの資産に対する需要だけで，一般の財・サービスへの需要は拡大せず，その結果一般財の物価は大きくは上昇しませんでした．このように，バブル期に上昇したのは資産の価格だけだっ

たので，資産インフレーションとも言われます（Box 12 を参照）．

注
1) この成長率では，おおよそ 7, 8 年間で経済規模が 2 倍に膨らみます．
2) 第 8 章で触れたように，現在ではほとんど形骸化している準備預金率の引き上げも，この時期には景気抑制手段としての効果を発揮し，公定歩合の引き上げと併用されました．
3) 引き締め期でも基本的に旺盛な需要体質は維持されていましたので，日銀の政策が緩和に転じると，景気は再び盛り上がってきました．
4) 第 4 次中東戦争の直前（1973 年 10 月）は 1 バーレル＝3 ドル程度の水準でしたが，1974 年 1 月には 1 バーレル＝12 ドルにまで上昇しました．
5) この措置は日本経済に大きな驚きをもって受け止められ，その 1 カ月前のニクソン大統領の中国訪問発表とともに，ニクソン・ショックと呼ばれました．
6) 抵当権を行使して担保物件を売却すれば，当初の貸出金を容易に回収することができるはずだからです．

Box 12　資産価格の上昇と中央銀行の対応

　資産価格が異常な上昇を示し，バブル経済が盛り上がっていた時に，なぜ日銀はこれをバブルだと認定して適切な対策を打てなかったのか，もっと早く適切な手を打っていれば，その後の日本経済の停滞も長引かず，バブルの傷跡も浅くて済んだのではないか，といった批判が多く聞かれます．
　確かに，過去のトレンドを大きく逸脱した異常な不動産や株価の上昇という現象について，当時日銀が気が付いていなかった訳ではありません．しかしながら，1980 年代後半期の一般財の物価上昇率は比較的落ち着いていました．例えば，消費者物価指数の前年比は下記のように，総じて安定して推移していました（単位：％）．

　　（85 年）＋2.0 → （86 年）＋0.6 → （87 年）＋0.1 → （88 年）＋0.6
　　→ （89 年）＋2.3 → （90 年）＋3.1

　一般財の物価動向がこのように安定的に推移している中にあって，資産価格の上昇の異様性だけを理由に，金融政策を改め引締めに転じることは，当時の状況の下では容易に決断できることではなかったと思われます（それでも，消費者物価指数前年比が＋2.3％と上昇傾向に転じた 1989 年の 5 月には，公定歩合を 2.5％から一気に＋0.75％引き上げるなど，すかさず引締めに転じています）．
　そもそも，バブルが燃え上がっている最中にあって，中央銀行が「これはバブルであり，至急対策を打たねばならない」と認識することができるのであろうか，と

の疑問を呈する声も聞かれます．世界の中央銀行関係者の中でも，①「金融政策は資産価格の上昇には対応できない．バブル経済が崩壊した後に積極的に金融緩和を行って対応するべきである」とする考え方と，②「しかしながら，バブル崩壊が経済にもたらす影響に大きさを考えると，やはり金融政策は資産価格の動向を注意深く見ていき，バブル発生の回避に努めるべきである」との考え方が混在しています．どちらかと言えば，FRB 関係者やアメリカの経済学者には①を支持する向きが多いので，①の考え方は FRB view と言われています．一方，国際決済銀行（BIS）やヨーロッパの中央銀行関係者には②を支持する人が多いので，②の考え方は BIS view と言われています．

　しかしながら，これは FRB view，BIS view のいずれの考え方が正しい，と決着が着く問題ではなく，今後も議論が続くと思われます．少なくとも日本については，バブル経済の発生と崩壊の苦い経験を通じて，日銀は資産価格の動向を冷静にフォローしていくことの重要性を強く認識して政策を検討するようになったと言って良いでしょう．バブル経済の発生を事前に食い止めることができるかどうかはともかく，バブル経済の崩壊後の金融不安，経済停滞については，中央銀行は真正面から対応しなくてはならず，今後も中央銀行にとっては最大の取り組み課題であることは間違いありません．

第12章　バブル経済の崩壊と不良債権問題

1　バブル経済の崩壊

　バブル経済の進展により景気が過熱し，1989年頃からは物価が上昇し始めました．日銀は金融引き締めに転じ，公定歩合を順次引き上げていきます．
　すなわち，前章で説明したように，日銀は公定歩合を1987年2月に2.5%にまで引き下げて，この水準を2年3カ月間維持した後に，1989年5月には一気に0.75%ポイント引き上げて3.25%とし，さらに1990年8月には6.0%の水準にまで引き上げます．つまり，1989年5月以降の1年3カ月間という短期間に2.75%ポイントの大幅引き上げを実施したわけです．
　当然ながら，こうした短期間での急激な金融引き締めは，景気に非常に大きな抑制効果をもたらしました．1989年12月末日に3万8915円87銭（日経平均株価，終値）の史上最高値をつけた株価は，金融引締めに伴う企業の売上げ・収益・資金繰りの悪化などを嫌気して，年明け後の1990年初から一気に下落を辿りました（図12-1）．
　また，1990年3月からは，大蔵省が土地関連融資の総量規制（1990年3月-91年12月）に乗り出しました．これは，金融機関から土地関連3業種（不動産，建設，ノンバンク）に向けた融資金額を一定額以内に抑える，との金融機関に対する行政指導です．この行政指導の結果，3業種に属する企業は，金融機関から新たな融資を受けて，その資金で不動産を購入することができなくなり，不動産売買が細り地価の下落を促すこととなりました．
　こうした政策変更の結果，図12-2で明らかなように，バブル経済を牽引してきた地価の上昇も1990年から翌91年頃を境に下落に転じました（図12-2では国土交通省が毎年公表している「公示地価」の動向を示しています）．ただし，図12-2を詳しく見ると，東京の商業地はすでに1988年頃から上昇が止まっていたの

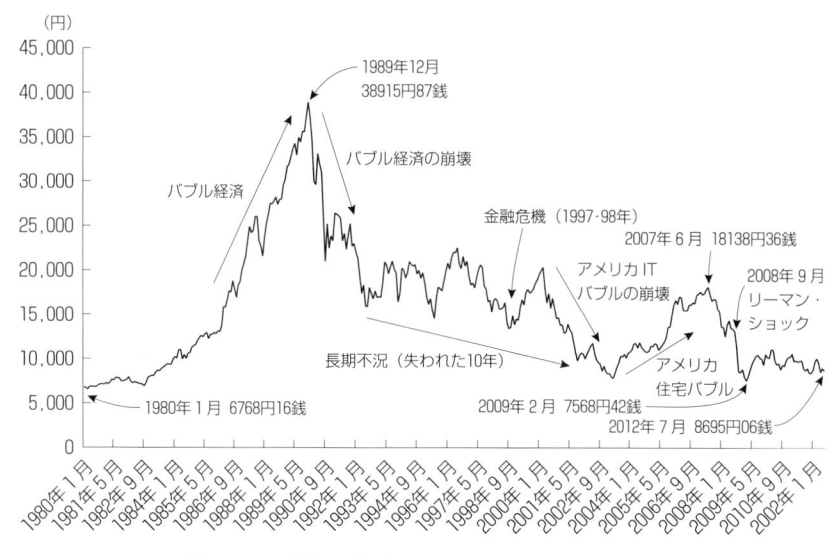

第12章　バブル経済の崩壊と不良債権問題　107

図 12-1　株価の推移（日経平均株価，月末日の終値）

（出所）　日本経済新聞社統計などから作成．

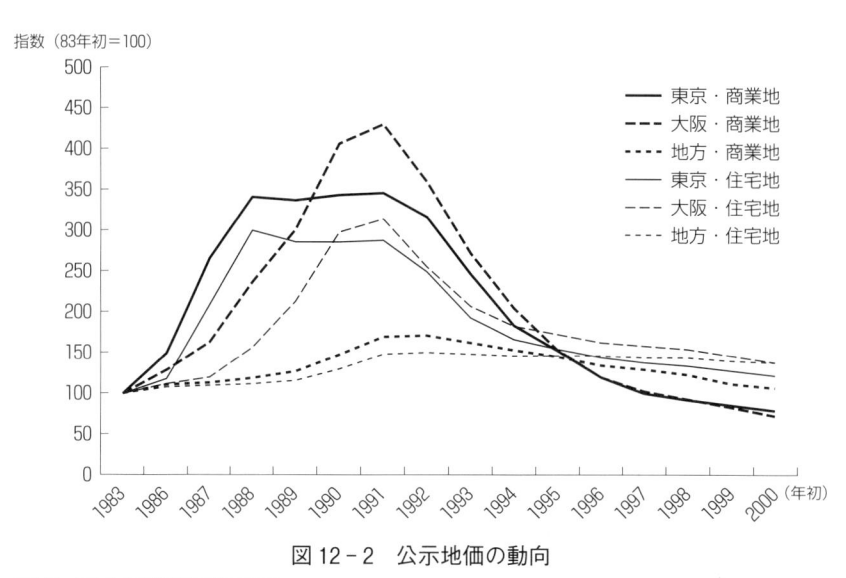

図 12-2　公示地価の動向

（出所）　国土交通省統計などから作成．

に対して，関西圏の商業地は一連の政策変更が行われた後の1991年に至ってようやくピーク・アウトしており，関西圏では不動産購入が根強く行われ続けたことが窺えます．こうした事情が，後で見るように，関西圏での金融機関破綻事例が格別目立ったことの背景となったのではないでしょうか．

2　不良債権問題の発生

　このような政策転換により土地，株式などの資産の価格が下落に転じ，その資産価格の値上がりを見込み金融機関から借り入れて資産を購入する，という動きはさすがに止まりました．しかし，すでに金融機関からの融資を受けて資産を購入した，いわゆる「財テク」を行った多くの企業，個人は多額の借入金を抱え，その借入金の返済に行き詰まりました．購入した資産を売却しても下落した価格でしか売れず，金融機関からの借入金を全額返済することができなくなったからです．価格下落によって保有する資産の価値が減っても，負債（借入金）額は固定されており減りませんので，この残った負債の返済負担が債務者企業の経営を長期にわたって大きく引っ張りました．これは，企業のバランス・シート上のゆがみを容易には無くせない（調整できない）問題であることからバランス・シート調整問題と言われます．

　このバランス・シート調整問題を簡単な事例で理解して見ましょう．

地価が予想通り上昇したケース
① 地価の上昇を前提として，安値で買って短期間のうちに高値で売ることを狙って，ある土地を金融機関から資金を借り入れて，購入．
　……地価（＝借入金）＝100億円
② １年後にこの土地の地価が値上がりしたので売却．
　……売却価格130億円
③ 売却代金のうちから借入金を金融機関に返済．
　……要返済額＝100億円＋金利分
④ 最終的に，借入金を返済した後の残高が，この土地取引の利益として残る．……利益＝130－（100＋金利分）＝30億円－金利分

地価が予想に反して下落したケース
① 地価の上昇を前提として，安値で買って短期間のうちに高値で売るこ

とを狙って，ある土地を金融機関から資金を借り入れて，購入．
　……地価（＝借入金）＝100億円
② しかし，予想に反して，1年後に地価が値下がりし，この土地の売却可能価格は80億円に下落した．
③ 売却代金のうちから借入金を金融機関に返済．
　……要返済額＝100億円＋金利分
④ この土地を売って代金80億円を手に入れ，借入金を返そうとするが，全額は返せない．……80－(100＋金利分)＝－20億円－金利分
⑤ 土地を売却した後でも，未返済額と金利分を返済する義務を負い続ける．……要返済額＝20億円＋金利分

　予想に反して地価が下落したケースを，土地購入資金を融資した金融機関側からみると，貸付金の返済を受けることが不可能になったので，事前に設定していた抵当権を行使して，担保不動産を金融機関自らが売却して，貸付金の全額回収を図ろうとします．しかし，不動産価格は下落しているので，下落した価格でその不動産を金融機関が売れたとしても，当初の貸付金の一部しか回収できません．債務者に他の資産や収入がなければ，残された借入金の返済の目途はつかず，金融機関にとっては回収できなくなる可能性が大きい不良債権として抱えることとなります．

3　不良債権と金融機関の経営破綻
――金融危機の発生――

(1) 不良債権の処理

　金融機関は，貸付債権など自らの資産の中に回収できない（あるいは回収できない可能性が高いと思われる）金額が発生すると，その金額相当の損失を被ったこととなり，損失計上（決算の赤字要因）しなければなりません．

　具体的には，まず，回収できなくなることが見込まれた場合には，そうした事態に備えて，当該債権額の一部金額をバランス・シートの負債項目に貸倒引当金として計上します[2]．

Box 13　自己資本

　企業経営を行う際に用いる資金（資本）のうち，他人資本（借入金，預金など他人の資金で，確定した金額を最終的に返済する義務があるもの）以外の資金を指します．

　他人資本は文字通り他人の資金であり，一時的に借用しているに過ぎません．その企業（金融機関）としては，最終的には必ず返済しなければならない資金であり，金融機関の業務遂行の中でもこれを減らすことは許されません．

　これに対して，自己資本は株主からの出資金と当該企業の内部留保から成っています．

　株主は企業経営に影響力を及ぼし，普段は出資金額に応じて配当を得ることができますが，企業が経営に失敗した場合には失うことを覚悟で出資しています．また，内部留保は過去の営業から出た利益のうち，企業内部に法定準備金や利益剰余金などのかたちで蓄えられた資金です．いずれも，企業経営のうえでこれを利用し，やむを得ない場合には減らすことが許されますので，不良債権の処理など赤字の埋め合わせに用いられ，その結果自己資本は減少します（他人資本はこのようなことに使うことは許されません）．

　企業が保有する資産は，時間の経過とともに，かならずそのいくばくかがもとの資産価値を下回るようになる，すなわち不良化することは避けられません．その場合には潤沢な自己資本を持っていれば，それで損失の埋めあわせを行うことでき，企業経営には大きな影響が及びません．

　不良資産を生み出す可能性のある資産の総額に対して自己資本がどれだけ備わっているか，その比率（自己資本比率）の大小によって，その企業の経営の安定度合いを判断することができるのです．とくに，信用のうえに成り立つ業務を行っている金融機関にとっては，自己資本比率はその経営の安定度合いを客観的に示す重要な経営指標の1つとなっています．

貸倒引当金の計上

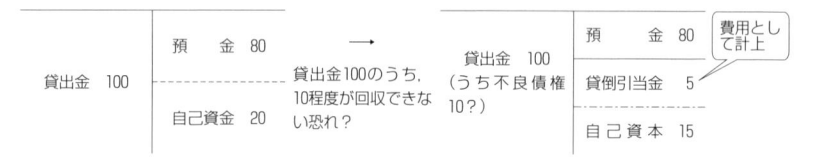

| 貸出金 100 | 預　金　80 |
| | 自己資金 20 |

貸出金100のうち，10程度が回収できない恐れ？

貸出金 100 （うち不良債権 10？）	預　金　80
	貸倒引当金 5 ← 費用として計上
	自己資本 15

　次に，最終的に回収できなくなった金額が確定すると，その金額を償却します．バランス・シートの資産項目からその金額を落とし（これを write off すると言います），負債項目から同額の貸倒引当金を削除します．すでに計上してい

る貸倒引当金だけでは不足する場合には，さらに自己資本から追加削減します．

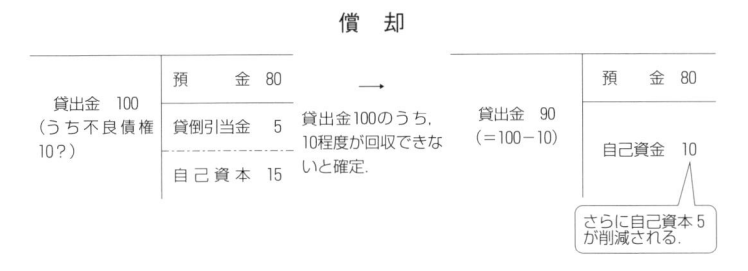

償　却

```
貸出金 100        預　金 80              貸出金100のうち、      貸出金 90      預　金 80
(うち不良債権     貸倒引当金 5           10程度が回収できな     (=100-10)
10?)                                    いと確定.                           自己資金 10
                 自己資本 15
                                                                           さらに自己資本5
                                                                           が削減される.
```

　不良債権が発生した場合（あるいは発生するおそれがあると考えられる場合）に行われる「貸倒引当金の計上」，「償却」の2段階の会計処理が不良債権の処理です．いずれの段階の処理でも，自己資本を削って不良債権によって生じた損失を埋め合わせるので，不良債権の処理の際には，必ず自己資本が減少します．従って，処理しなければならない不良債権額がかさむと自己資本をかなり減らすこととなり，あまりにも不良債権が大きくなると，次の**図12-3**で示すように自己資本ではカバーし切れず，自己資本が全くなくなり債務（預金など）のみが残る，いわゆる債務超過の状態に陥ります．債務超過の金融機関は信用を完全に失い，営業を続けることができなくなります．

(2) 不良債権の処理と金融機関の経営破綻

　不良債権の処理が行われると，必ず損失計上（赤字化）が行われ，その分の自己資本が減ります．ただし，不良債権の処理が金融機関の経営に大きな影響を及ぼすかどうかは，あくまでも不良債権の処理額の大きさによります．この点を，**図12-3**に示した3つのケースで確認しておきましょう．いずれのケースも，対象となる金融機関の当初の自己資本500，当初の貸付金1000，当期における当初の最終利益見込み額500との前提です．

　まずケース①では，若干額の不良債権処理が行われ，自己資本が一旦は減ります．しかし，大幅な最終利益500が見込まれ，内部留保として蓄積されると考えれば，これによってカバーされるので，最終的には自己資本は減らない（あるいは増える）可能性が大きいと言えます．

　ケース②は，不良債権の処理額がケース①よりもかなり増えるケースです．最終的な決算は赤字となることが避けられず，自己資本額も減少を余儀なくされます．ただし，それでもまだ自己資本がある程度残っています．

図12-3 不良債権の処理額と経営への影響

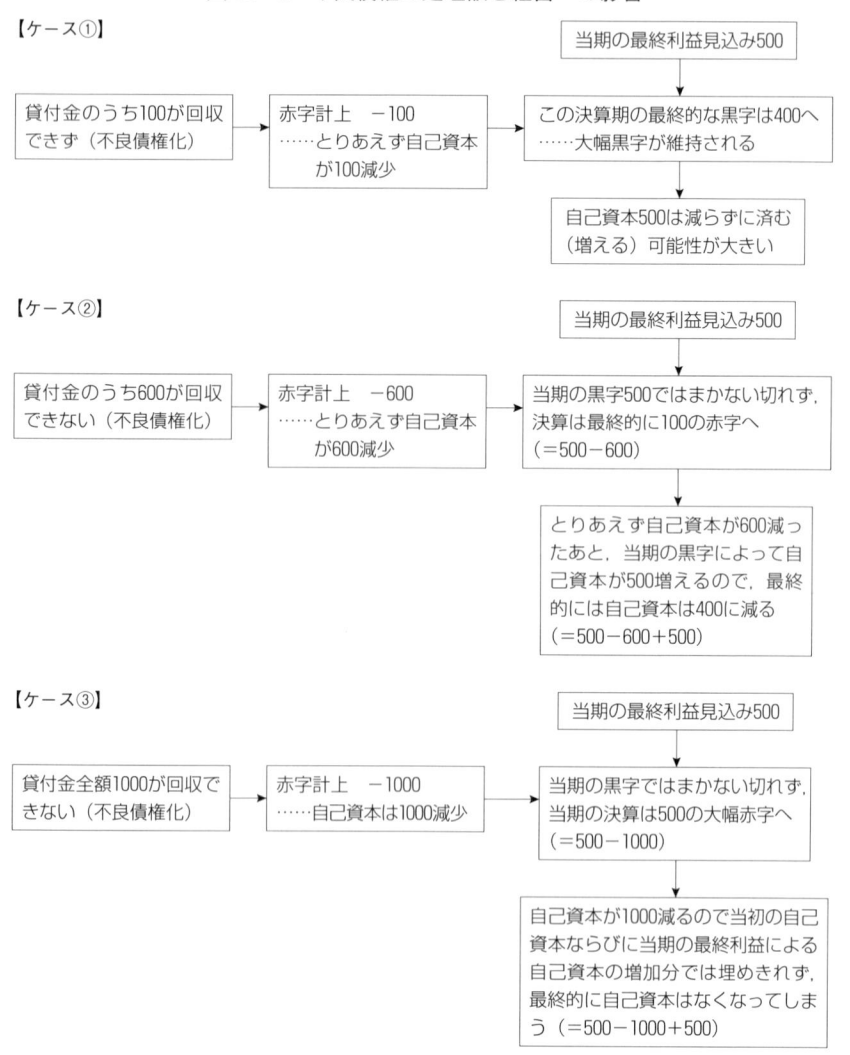

【ケース①】

貸付金のうち100が回収できず（不良債権化） → 赤字計上 −100 ……とりあえず自己資本が100減少

当期の最終利益見込み500 → この決算期の最終的な黒字は400へ……大幅黒字が維持される → 自己資本500は減らずに済む（増える）可能性が大きい

【ケース②】

貸付金のうち600が回収できない（不良債権化） → 赤字計上 −600 ……とりあえず自己資本が600減少

当期の最終利益見込み500 → 当期の黒字500ではまかない切れず，決算は最終的に100の赤字へ（＝500−600） → とりあえず自己資本が600減ったあと，当期の黒字によって自己資本が500増えるので，最終的には自己資本は400に減る（＝500−600＋500）

【ケース③】

貸付金全額1000が回収できない（不良債権化） → 赤字計上 −1000 ……自己資本は1000減少

当期の最終利益見込み500 → 当期の黒字ではまかない切れず，当期の決算は500の大幅赤字へ（＝500−1000） → 自己資本が1000減るので当初の自己資本ならびに当期の最終利益による自己資本の増加分では埋めきれず，最終的に自己資本はなくなってしまう（＝500−1000＋500）

（出所）著者作成.

最後にケース③では，巨額の不良債権の処理が行われる結果，とりあえずそれに伴い自己資本が大幅に減少し，その後当期の最終利益（これは新たに自己資本に追加されます）によってもカバーし切れず，最終的には自己資本がまったくなくなってしまいます．このような自己資本が大幅に減少するケースでは，金

表12-1　1990年代における金融機関の経営破綻の主な事例

年	破綻金融機関	備考
1995	兵庫銀行	のちに「みなと銀行」として再発足.
	木津信用組合	
1996	阪和銀行	
1997	北海道拓殖銀行	北洋銀行,中央信託銀行へ営業譲渡.
	山一証券	
1998	日本長期信用銀行	一時国有化され,のちに「新生銀行」として再発足.
	日本債券信用銀行	一時国有化され,のちに「あおぞら銀行」として再発足.
2000	信用組合関西興銀	

(出所)　熊倉修一『日本銀行のプルーデンス政策と金融機関経営』(白桃書房, 2008年), p.51より転載.

融機関は預金者や他の金融機関からの信認を失い,預金の流出が生じたり[3],他の金融機関からの資金借り入れも不可能となります.そして,最終的には,資金繰りに窮し,預金や資金の支払いに応じることができず支払い停止となり,それ以上の金融業務継続が不可能となります(これが経営破綻です).

(3) 1990年代の金融危機と公的資金の注入

このようなメカニズムによって,バブル経済が崩壊した1990年代初頭以降,日本の金融機関が抱えて処理を余儀なくされた不良債権の総額は100兆円に達したと言われています.そして,その処理の過程であまりにも膨大な処理負担に自己資本が耐えられずに,表12-1に示すように,経営破綻する金融機関が90年代後半から続出しました.全体として,前掲の図12-2でも明らかなように,地価の高騰が著しかった関西圏で経営破綻する中小金融機関が続出したうえに,1997,1998年には大規模金融機関の破綻が集中するなど,まさに危機的な状況が出現しました.

ただ,金融機関の経営破綻は,その金融機関自体だけの問題にとどまりません.その金融機関に資金を預けている預金者も困りますし,その金融機関から資金を借り入れている債務者(企業,個人)にも大きな影響を及ぼすなど,放っておくとその経済社会に大きなダメージを与えかねません.さらに,1つの金融機関の信用不安,経営破綻は他の金融機関に連鎖波及していく可能性があります.

したがって,一連の経営破綻の波及を食い止めるためには,金融機関の自己

資本を充実させ，多少の不良債権が発生しても耐えられる経営体質を作る必要があります．このような時に金融機関の自己資本を充実させる手段としては，政府が公的資金を注入していくことしか他に手立てがありません．[4]

そこで政府は，1998年10月に制定された金融機関再生法および金融機関早期健全化法を用いて，さらなる金融機関の破綻発生に備えました．[5]

このうち金融機関再生法は，経営破綻した金融機関に公的資金を投入し，その資金で不良債権を償却し健全な金融機関によみがえらせたうえで，民間資本（他の金融機関など）に売却するとのスキムであり，1998年に破綻した日本長期信用銀行，日本債券信用銀行に適用されました．

一方，金融機関早期健全化法は，経営破綻にまでは至っていない金融機関に対しても公的資金を投入し，その資金で不良債権を償却しより健全な金融機関にするというスキムです．

(4) 長期にわたる経済不況とゼロ金利政策の実施

しかし，金融機関の経営を脅かす一連の危機的状況を経験した日本の金融機関は，金融機関経営に伴う諸リスクに過剰なほどに敏感になりました．不良債権が少ない健全な金融機関であっても，新たな不良債権をつくることを極端に嫌って，企業からの貸出要望に積極的に応じなくなりました．いずれの金融機関も企業の資金需要には消極的に対応し（これを貸し渋りと言います），時には，まだ返済期限がきていない貸出であっても即時返済を求める（これを貸し剥がしと言います）姿勢を強める場合もあり，さすがに社会的な批判を浴びました．

こうした金融機関の資金供給意欲の低下は，バブル経済の崩壊後，金融危機を経ても容易に不況から立ち上がれない日本経済にボディーブローのように効いてきました．1990年代を通じた長い不況（「失われた10年」と言われています）の大きな背景の1つはこうした金融部門のリスク回避姿勢に求められると思われます．

この「失われた10年」の間，日銀は一貫して金融緩和政策を実施してきました．**表12-2**に示すように，バブル経済崩壊直後の1990年代前半では，1990年から1993年までの3年間で公定歩合が4.25％ポイント（1990年8月の6.0％から93年9月の1.75％にまで）の大幅な引き下げが行われ，1993年9月からは1.75％と史上最低の水準に達しました．1994年10月からは，日銀は金融政策のターゲット（誘導目標）を公定歩合から政策金利（無担保コールレート・オーバーナイト

表 12-2 1990年代の金利の引き下げ

	時　期	金利水準
公定歩合	1990年8月〜 91年7月〜 11月〜 12月〜 92年4月〜 7月〜 93年2月〜 9月〜	6.0% 5.5% 5.0% 4.5% 3.75% 3.25% 2.5% 1.75%
政策金利	95年4月〜 9月〜 99年2月〜	1% 0.5%以下 当初0.15%以下，その後一層の低下を促す

(出所) 日本銀行統計より作成．

物) に変更しましたが，この政策金利も順次下げ続け，金融危機後の1999年2月には事実上のゼロ水準に誘導するゼロ金利政策が打ち出されました．いよいよ，日本の金融政策はかつて実施したことのない非伝統的政策手段を用いる時代に入っていったのです．

注
1) このころの金融政策の中心的手段は，日銀から個別金融機関への直接貸出を行う際に適用される貸出金利でした．この金利は事前に公示されることから，公定歩合と称されていました．第Ⅰ部でも説明してきた，インターバンク市場における金融機関相互間での貸借金利である無担保オーバーナイト物取引金利を誘導目標（政策金利）として採用したのは1994年10月以降です．
2) この分は自己資本を削って計上されます．削られた自己資本額は損失として認識され，赤字要因となります．
3) 場合によっては預金の取り付け（bank run）が生じて巨額の流出に見舞われます．
4) 具体的には，政府（あるいは政府関係機関）が税金を裏付けとする財政資金を用いて当該金融機関発行の株式を購入することで，その金融機関の資本金を増やします．この結果，政府（あるいは政府関係機関）は当該金融機関の大株主となり，その金融機関の経営に大きな影響力を行使するようになります．経営が好転すれば株価も上昇するので，その時点で政府は民間に保有株式を売却し，初めに注入した資金を回収することができます．
5) この2法により，政府は最大60兆円の公的資金を金融機関に投入することが可能となりました．

第13章　ゼロ金利政策
―― その効果と限界 ――

1　ゼロ金利政策への移行

　バブル経済の崩壊後，1990年代に入ってからの日本経済は極端な不況（低成長）に苦しみました．表13-1にはっきりと示されているように，実質 GDP は，1980年代後半のバブル経済期にはまがりなりにも5％程度の成長を記録したものの，バブルが崩壊したあとは急速に成長テンポを落としました．とくに，1995年以降は不況色が一段と強まり，物価水準が恒常的に前年レベルを下回る，いわゆるデフレーションの状況が続きました．5年間を均してみると何とか1％程度の成長が維持されましたが，年別に見ると1998年は前年比－0.02％，1999年も前年比－0.001％と2年連続して前年水準を割り込むマイナス成長に陥ってしまいました．

　1990年代後半は，第12章でも触れたように，1997，1998年にピークに達した金融機関の経営破綻の続発を受けて，国内の金融機関が信用供与（貸出）を極端に絞り，貸し渋りや貸し剥がしといった行為が横行しました．金融機関全体が社会的に厳しい批判に晒されましたが，それにもかかわらず信用収縮（credit crunch）が極端に強まり，この結果，企業の設備投資はもちろん生産活動全般にわたり振わなくなりました．

表13-1　経済成長率の推移（実質 GDP ベース）

1986-90年　平均年率（バブル経済期）	4.8%
1991-95年　平均年率	1.5%
1996-2000年　平均年率	1.0%
2001-2005年　平均年率	1.4%

（出所）　内閣府統計などから作成．

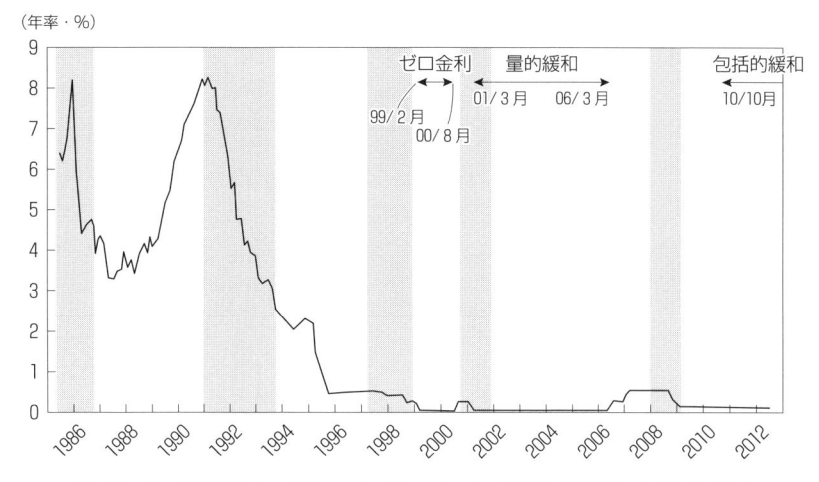

図13-1 無担保コールレート（オーバーナイト物）の推移（1986-2012年）

（注）1. 各月の平均金利水準．
　　　2. シャドーの期間は景気後退期．
（出所）日本銀行統計などから作成．

　こうした経済の極端な不振を前にして日銀は，1990年代半ばまで下げ続けてきた後に1995年9月以降0.5％程度の水準で維持してきた政策金利（無担保コールレート・オーバーナイト物）について，遂に1999年2月に至り，実質ゼロへの低下を促す，とのゼロ金利政策に踏み切りました[1]．

　日銀は，ゼロ金利政策に踏み切るに当たり，日本経済の「デフレ懸念の払拭が展望できるようになるまで，実質ゼロに誘導する」と強調していました．そしてこのゼロ金利政策は，2000年8月に景気回復が確認されるとして解除される（政策金利の誘導目標を0.25％に引き上げる）まで，1年6カ月間にわたり実施されたのです．

2　ゼロ金利政策の狙い

　ゼロ金利政策に踏み切った日銀の狙いは，導入時の日銀の発表にもあるように，政策金利を限りなくゼロに近づけることによって長期金利の低下も促し，それによって企業の設備投資や個人消費など民間部門の資金需要を刺激し，長期の不況（デフレ経済）からの脱却，景気の回復を目指すことでした．

　すなわち，政策金利を低下する（最後にはゼロ水準にまで下げる）ことによっ

第Ⅱ部 金融危機と金融政策

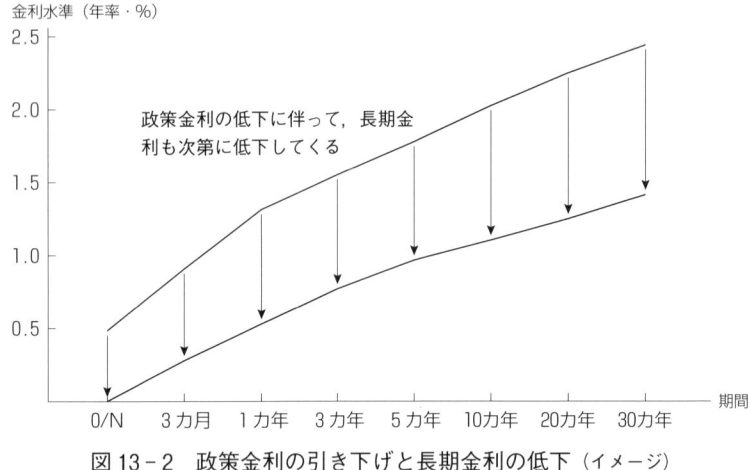

図13-2 政策金利の引き下げと長期金利の低下（イメージ）
（出所）著者作成．

て，金利体系が全体として引き下がります．これはすでに第9章で説明したとおり金利体系のメカニズムが働くからです（図13-2）．その結果，長期金利も全体として下がってきて，借入金利の低下によって民間部門による資金調達（金融機関からの借り入れなど）は容易化するはずです．これは，民間部門の資金需要を刺激し，企業の設備投資の増大や個人の住宅ローン借り入れの増大を通じて，企業生産の拡大，雇用の拡大，個人消費の拡大など景気全体の回復につながる，こうした一連の政策効果の発現を日銀は強く期待したのです．

つまり，景気が悪いので金利水準が低下していくのは当然ですが，景気刺激のためにさらに金融緩和（金利の引き下げ）を図る．ただし，すでに従前からかなり引き下げてきていたので，遂に政策金利のレベルがゼロに到達した，というのがこのゼロ金利政策の本質です．「ゼロ金利水準」という前代未聞のレベルではあるものの，金融政策の手法としては従来型（伝統的手法）を採用したとも言えます．

3 ゼロ金利政策の効果と限界

こうした政策的意図の下で実施されたゼロ金利政策でしたが，その1年6カ月後の2000年8月に日銀は政策金利の誘導目標を0.25％に引き上げ，ゼロ金利政策を解除しました．これは，国内経済の自律的回復というよりも，世界経済，

中でもアメリカでIT産業を中心とした急速な経済成長（アメリカではドットコム・バブルと言われる景気拡大）が見られ，これを主因として輸出が増加し，付随して日本の景気も回復傾向が明確になったためであり，ゼロ金利政策の解除条件であった「デフレ懸念の払拭が展望できるような情勢」に至ったと判断したことによるものです．

なお，このゼロ金利政策の解除を決定した2000年8月11日の日銀金融政策決定会合では，出席していた政府代表が，ゼロ金利政策の解除は時期尚早として次回会合までの議決延期を求めましたが，同決定会合では反対多数で政府の要請を否決し，ゼロ金利政策の解除に踏み切った経緯があります[2]．このことから，次章で述べるように僅か半年後の翌2001年3月に量的緩和政策というかたちで再び金融緩和に戻らざるを得なかったこともあって，この時点でのゼロ金利政策の解除という日銀の判断が本当に適切であったのか，という批判が生じました．

実際に，この時の日本経済は一時的に活況を呈し，2000年の実質GDP成長率は前年比＋2.9％の大幅な成長を遂げました．しかし，ゼロ金利政策の解除を決定した日銀にとっては不幸なことに，翌2001年にはドットコム・バブルが崩壊し，アメリカの景気は失速してしまいます．これに伴い，日本の輸出も再び減少し，日本経済は減速していきました．2001年の実質GDP成長率はわずか＋0.18％に止まりました．このことから，結果論ながら，日銀のゼロ金利解除の判断が本当に適切であったかどうか，議論が分かれるところです．

(1) ゼロ金利政策の効果と限界

2000年8月に日銀がゼロ金利政策を解除しようと判断するに至った日本経済の実態は，ゼロ金利政策自体がもたらした景気回復によるものではなく，あくまでも好調なアメリカの経済に助けられたものです．逆に言えば，ゼロ金利政策それ自体は，国内経済の大きな拡大（景気回復）をもたらさなかったと言えましょう．

なぜ，ゼロ金利政策は大きな効果を発揮できなかったのでしょうか．まず挙げなくてはいけない理由は，第12章でも触れたように，金融機関が信用供与の拡大に非常に慎重であり，景気の先行きや企業活動の活発化について楽観視せず，貸出にきわめて慎重な姿勢をとっていたことです．また，同時に，資金を借り入れる側の企業・個人も同様に景気の先行きを楽観せず，設備投資（生産拡大），住宅投資，消費拡大にきわめて慎重な姿勢をとっていたという点も指

摘できます．いわば，「貸し渋り」ならぬ「借り渋り」状態が生じていたのです．金融機関サイドからみると優良企業であり貸し込みたいと思う企業であればあるほど，新規の資金導入の必要がなく消極的でした．バブル期の「財テク」により大きな傷を負い，バランス・シート調整の圧力を受けていた企業が多く残っていたことも大きく影響しています．そのため，いくら金利の水準が低下しても（たとえゼロ金利になっても），金融機関の資金貸出の姿勢は固く，また，借り入れ側の資金需要も盛り上がりませんでした[3]．

さらに，企業サイドが借り入れに慎重であったのは，デフレーション（物価の下落）が続いていたので，Box 11 でも触れたように，借り入れの際の実質金利水準が高止まりしていたことも影響していると思われます．デフレーション下では，物価が下落する，つまり貨幣価値が上昇するので，借り入れる側の負担がみかけよりも実質的には大きくなります（インフレーション時は逆に負担感は減ります）．ゼロ金利政策のおかげで借り入れの名目長期金利が低くても（年率1％），物価上昇率がマイナス（年率－2％）では実質的な金利水準はかなり高くなってしまう（1％－(－2％)＝年率3％）ので，企業の金利負担感は決して軽くはなりませんでした．

このように，ゼロ金利政策は，当初日銀が期待したような，国内経済の成長（景気拡大）をもたらす直接的な効果は発揮されませんでした．ただ，金利が極めて低い水準に長期間据え置かれたことは，景気がさらに悪化するのを阻止する効果（景気の下支え効果）はあったのではないかと思われます．とくに，「デフレ懸念が払拭されるまで政策金利を実質ゼロ水準に維持する」との日銀の姿勢が強く打ち出されたことから，「デフレの心配がなくなるまで維持される，ということは，ゼロ金利はこれから相当長い間維持されるぞ」との強い確信が経済界全般に浸透し，それはインフレーション予想の低下を通じて長期金利の低位化ももたらし，景気の一層の悪化を防いだと評価することが可能でしょう．これは，いわゆる政策を維持する期間をある程度あらかじめ公言すること（時間軸政策）がもたらす効果が現れたと言えます（時間軸政策の効果については第16章で説明します）．

4　円キャリー取引

円の低金利化に伴って，金利水準が低い円資金を借り入れ，その円資金を外

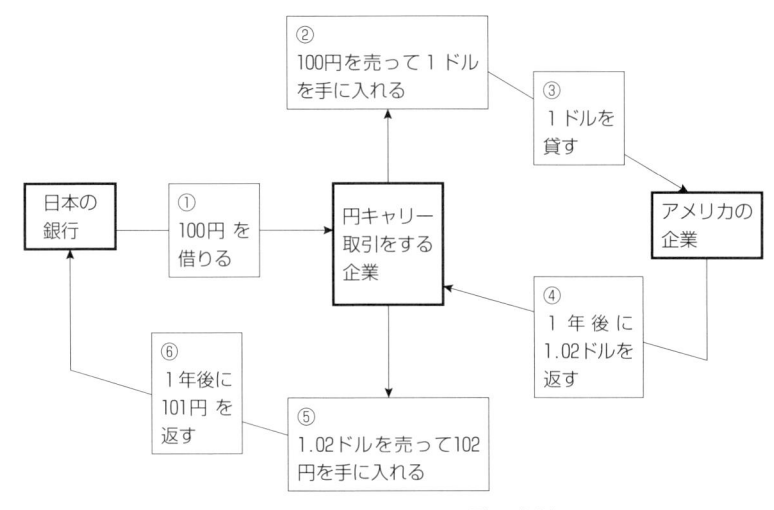

図13-3 円キャリー取引の事例

（注） 1ドル＝100円，円金利は年1％，ドル金利は年2％とする（円とドルの金利差は1％）．
（出所） 著者作成．

国為替市場で売って外国通貨を入手し，外貨建ての貸出を行ったり有価証券を購入したりして，利ザヤを稼ぐ取引（円キャリー取引）が横行しました．正確な取引規模は分かりませんが，数十兆円規模の取引が行われたとも言われています．とくに，2000年代に入ってからのゼロ金利化に伴い活発化し，内外の機関投資家のみならず多くの個人投資家も参加したと言われています．

　円キャリー取引の内容を図13-3で示す事例で理解してみましょう（下記の丸数字は図13-3の番号に対応）．

① 円キャリー取引をする企業は，日本の銀行から100円を1年間の約束で借りる．
② その企業は，100円を売ってドルに替え1ドルを手に入れる（円ドル相場は1ドル＝100円との前提）．
③ その企業は，この1ドルを，年2％の金利をとってアメリカの企業に貸す．
④ アメリカの企業は1年後に1.02ドルを，円キャリー取引をする企業に返す．
⑤ 円キャリー取引をする企業は，この1.02ドルを売って円を買うと，102

円が手に入る（円ドル相場は1ドル＝100円で不変とする）．
⑥ その企業は，借りた円資金の元利合計101円を返済する．最終的に1円儲かる（＝102－101円）．

しかし，**図13-3**の事例は取引期間中に為替相場が変わらないとするケースなので利益が生じますが，この期間中に円高が進み，例えば1ドル＝98円となったとする（年率2％の円高化）と，⑤で円に戻した場合に99.96円（＝1.02ドル×98円）にしかなりません．すなわち，この場合には借りた円資金の元利金101円を返済すると，1.04円（＝99.96－101円）の損失を被ることとなります．

すなわち，円キャリー取引は，

(1) 取引期間中に予想以上に為替相場の円高化が進むと為替差損を被る，
(2) 取引者がそれを嫌って早めに円に戻そうとすると，それが原因となってますます円高化が進展してしまう，
(3) 超低金利である日本に比べてアメリカの金利水準が高い場合にはうまみが出る（前記④で返済される1.02ドルがもっと増える）が，アメリカの金利水準が低下すれば，そのうまみも薄れてくる，
(4) 円資金を貸し出すのは日本の金融機関であるので，そこから円資金を借り入れた人が円キャリー取引で利益を上げられない，あるいは損失を被る場合には，貸し出した円資金の返済が危くなる（貸し出した日本の金融機関の不良債権となる）リスクが高まる，

といった特徴を有している取引です．2008年のリーマン・ショック以降，金融危機対応として米ドル金利が低下し日米金利較差が縮まり，また円高も進展しましたので，さすがに取引の妙味が薄れ下火となって行きました．しかし，日本の低金利が続き，かつ円高がある程度修正されると，取引が復活してくる可能性があります．

注
1) 1990年代初からの無担保コールレート・オーバーナイト物の動きについては図13-1を参照して下さい．
2) 日銀法第19条により，政府代表は金融政策決定会合に出席して，政府の意見を述べることができ，さらに，金融調節事項に関する議決を次回の会合まで延期することを求めることができます（ただし，政府代表には議決権はありません）．この

ことは，金融政策の決定に際しての政府の一定の関与権を認めると同時に，最終的な決定権を政策委員会にのみ認めるかたちで，金融政策における日銀の政府からの独立性を担保していると言えます．そして，実際に政府の議決要請を否決したという事実を残すことにより，政策決定に当たっての独立性を確保したとの実績は残すこととなりました．ただし，この時点でこうした政府の要請をはねつけてまでゼロ金利政策の解除を決定したことの当否は独立性とは別に議論されるべきですし，この決定以降日銀は，政策決定に当たって政府との関係に常に悩むようになるのです．

3) ケインズは，金利水準が著しく低くなると，人びと（個人，企業）の流動性選好が極端に高まり，どんなに中央銀行がマネーを供給しても，投資や消費に結びつかず，流動性（現金や預金）の選好に向かってしまう，と指摘しました．そして，こうした状況をケインズは流動性の罠（liquidity trap）と称しましたが，ゼロ金利政策下の日本経済もケインズが謂う流動性の罠にはまってしまったと主張する声も聞かれています．

Box 14　　　　マイナス金利

ゼロ金利政策の実施に伴い，金利水準全般が低下する中で，金融不安が高まる事態が発生すると，それに伴い金融市場では通常では見受けられない異常な事態が発生することがあります．その1つがマイナス金利の発生です．

資金の貸借では，通常は資金の借り手（資金不足主体）が資金の貸し手（資金余剰主体）へ金利を支払います．したがって，金利水準は常にプラスであり，低金利政策が進み政策金利がゼロ水準に達すると他の金利水準も低下しますが，マイナスになることは通常は起きません．

しかし，信用不安が強まり，人びと（個人，企業，金融機関）が資金の運用先の信用に極端に神経質になると（どこに資金を貸すか，どこが発行する有価証券を購入するか），信用度が高い特定の運用先に資金運用が集中しがちとなります．そうなると，資金を運用する人は，ある程度のコストを払ってでも，資金の安全な預け先を確保しようとして，逆に金利を支払うことになるケースが起こります．

例えば，ユーロ危機の下で2012年の夏には，ドイツやアメリカの政府が発行する短期証券の購入希望が殺到しました．もともと利率が低い証券であることに加えて額面を上回る高価格で購入されるため，満期まで保有すると最終的な手取り額が元本割れとなり，結局マイナス金利で運用したのと同じになります．

このことを簡単な事例で見てみましょう．利率・年1%，償還期限1年後のドイツ国債100万円相当分が，金融市場で大変人気が高いために，これを102万円で購入したとします．この場合，1年後には元利合計で101万円が償還されますが，102万円で購入した国債が1年後に101万で戻ってくるのですから，－0.98%の金利で運

用したこととなるのです．比較的高い金利水準の時期であれば，このようなマイナス金利とはならないのですが，政策金利が低くなっている国では，このような事態が発生する可能性が高まります．

また，スイスの大手銀行クレディ・スイスは，預金が集まり過ぎることへの対策として，2012年12月から，一定額以上の決済性預金口座の残高にマイナス金利を適用していると伝えられています．これも，より安全であるとされるスイス・フランでの資金運用志向の強さを反映しています．

なお，低金利政策とは直接は関係がありませんが，日本の金融機関でも実質的なマイナス金利が発生したことがあります．やはり金融危機が発生した98年ころです．この時には，日本の銀行（邦銀）は国際的な信認度合いが低下したので，ドル資金の調達が難しくなりました．この時，外国の銀行（外銀）は市場相場よりも高いレートで邦銀にドルを売りました．すなわち，円とドルとの為替相場が1ドル＝100円であるとすると，邦銀は割り増しの120円を払って1ドルを入手し，これを1年間ドル資金運用したのです．1年後の為替相場も仮に同じく1ドル＝100円であるとすると，邦銀は運用を終えた1ドルを売って100円を入手します．つまり，邦銀は120円を1年間運用して最終的に100円となって戻ってくる資金運用をしたこととなり，この場合には－16.7％程度の大幅なマイナス運用を強いられたこととなります（1年後の為替相場が円安に振れていれば，マイナス運用の幅はもう少し縮小します）．

第14章　量的緩和政策
——その狙いと効果，そして限界——

1　量的緩和政策の導入

(1)　ゼロ金利政策の解除と再度の金融緩和

　前章で述べたように，日銀は，1999年2月から実施してきたゼロ金利政策を2000年8月に解除しました．これは，その間にアメリカがITバブル景気に沸き，その結果として輸出が好調に推移したため，日本の景気も回復傾向へ向かったことを受けたためです．つまり，ゼロ金利政策停止の条件としていた「デフレ懸念の払拭が展望できるような情勢になった」との判断によるものでした．これによって政策金利（無担保コールレート・オーバーナイト物）はゼロ近辺から0.25％前後に上昇しました．

　しかし，このゼロ金利政策の解除決定時の金融政策決定会合では，政府代表から議決延期請求が出される（最終的にはこれを否決して解除を決定）など，経済情勢の現状についての理解や先行き見通しについては議論が分かれるところでした．案の上，日本の景気回復を事実上支えていたアメリカ経済も，2001年に入りITバブルが崩壊し一気に不況色を強めました．これに伴い日本の輸出も減少に転じ，景気も再び不況感が強まり，日銀に対してゼロ金利政策解除を批判するとともに，再度の金融緩和を求める声が強まりました．

　そこで日銀は，ゼロ金利政策解除による金融引き締めから僅か半年しか経っていない2001年3月に再び金融緩和政策に転じました．しかし，それは単純に従前のゼロ金利政策に戻るのではなく，量的緩和政策という新たな緩和政策の導入でした．

(2)　量的緩和政策の導入

　日銀が打ち出した量的緩和政策の骨子は次の①，②のように整理されます．

① 金融政策の目標（手段）の変更

　これまでの「政策金利（無担保コールレート・オーバーナイト物）を一定の水準に誘導すること」から，「民間金融機関の日銀当座預金残高を一定水準に誘導すること」へ変更する．

② ベース・マネーの増大

　民間金融機関とのオペレーション（民間金融機関保有の国債の購入など）を実施して，当座預金口座残高を大幅に増やしていく．

そして日銀は，前記①，②の措置を消費者物価が安定するまで続けることを公言しました．すなわち，この量的緩和政策を決定した2001年3月の日銀金融政策決定会合は，「当面，日銀当座預金残高を増額し，この政策を，消費者物価指数の前年比上昇率が安定的にゼロ以上になるまで続ける」と発表したのです．

この新政策の採用により，民間金融機関の日銀当座預金残高は逐次増えていきました．下記のように，政策導入当初は小刻みな目標増額でしたが，次第に目標値の増額テンポが拡大し，最終的には30-35兆円の水準を目指すとされました．

　　2001年3月〜　　5兆円程度
　　　　　8月〜　　6兆円程度
　　　　　9月〜　　6兆円を上回る
　　2003年10月〜　32兆円以上
　　　　12月〜　　30〜35兆円程度

このような目標値の増大に伴い，図14-1に示されるように，実際の民間金融機関の日銀当座預金口座の残高は，法定準備預金額（約5兆円前後）を大きく上回り，巨額の超過準備が出現しました．

量的緩和政策が導入された結果，それまでの政策目標であった短期金利水準は金融政策の対象ではなくなりました．しかし，巨額の超過準備を抱えた金融機関には，当然ながら他の金融機関に資金を求める大きな需要は起きず，これを反映してインターバンクの無担保コールレート（オーバーナイト物）は，前章図13-1に示されるように量的緩和政策の実施期間中は事実上のゼロ水準が続きました．

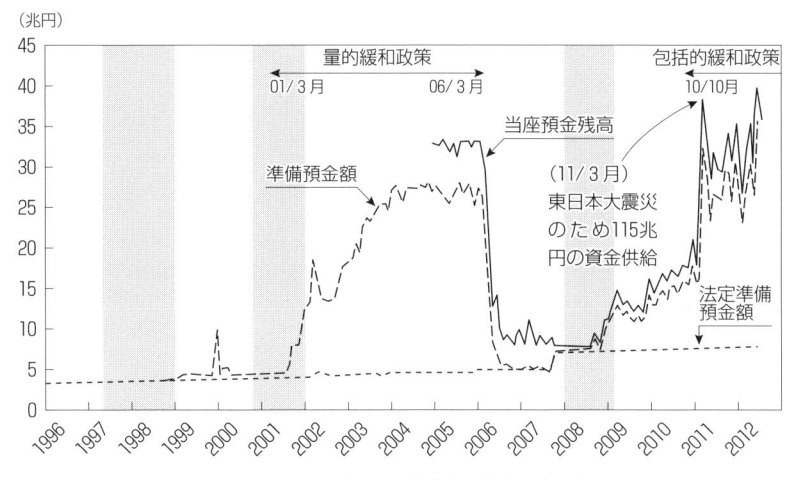

図14-1　日銀の量的緩和政策の推移

(注)　1．いずれのデータも各月中平均残高．
　　　2．法定準備預金額には2007年10月以降は「ゆうちょ銀行」の分を含む．
　　　3．シャドーの期間は景気後退期を示す．
(出所)　日本銀行統計などから作成．

なお，図14-1を見る際には，次のようないくつかの注意するべき点あります．

① 「法定準備預金額」（おおよそ5兆円前後，2007年10月以降は7兆円前後）と「準備預金額」との差額が超過準備預金額になります．

② 日銀のデータの都合で，図14-1では2004年までは「準備預金額」だけ，2005年以降は「準備預金額」と「当座預金残高」の2つのグラフが描かれています．「当座預金残高」と「準備預金額」との差は，預金準備制度の非対象先（証券会社や短資会社など）による当座預金の残高です．

③ グラフを子細に見ると，「準備預金額」，「当座預金残高」ともに毎年3月末（年度末）に跳ね上がっています．これは，金融機関には基本的に信用不安に備えて多めに流動性を確保しておきたいとの願望が内在しており，とくに多くの資金決済が集中する年度末時点には，必要以上に当座預金口座残高を確保しておきたいとの気持ちが強まります．日銀もこれに応じて，年度末を越えて翌年度までの期間にわたるオペレーションによって巨額の資金を供給しています．とくに，2011年3月

末には，東日本大震災直後であったことから，日銀は総額115兆円に上る資金供給を行い，その多くが当座預金口座に積み上げられました．

④ 同様に1999年末から2000年初にかけて「準備預金残高」が跳ね上がっています．これは，当時金融界で相当懸念されたコンピューター2000年問題発生による金融システムの停止に備えて，いずれの金融機関も通常以上に手厚く当座預金口座残高を確保したためです．信用不安に起因するものではありませんが，これも流動性不安対策の一種と言えましょう．

2 量的緩和政策の特徴

(1) 金融政策手段の変更

日銀が新たに導入した量的緩和政策の特徴点を整理してみましょう．最大のポイントは，金融政策の手段を政策金利から当座預金残高に移したことです．

これまでの金融政策は，例えば緩和期には公定歩合あるいはインターバンクの無担保コールレート・オーバーナイト物といった政策金利を政策手段として使って，これを一定の水準に下げ（政策の中間目標），それが金利体系を伝わって中長期金利を下げ，企業や個人の資金調達コストを下げて資金調達を容易化し，最終的な目標である企業の生産活動や個人の消費活動を刺激するという考え方に沿ったものでした．その意味では，ゼロ金利政策も，極めて異例な水準ではありますが，こうした伝統的手法の延長線上にあったものと言えます．

量的緩和政策は，こうした政策金利を操作する伝統的な金融政策手法とは全く異なる考え方に立つ，非伝統的な金融政策手法です．そもそも，経済活動が活発になると貨幣の取引需要も増えるので，借り入れなどを通じて金融機関からの貨幣供給（マネー・ストック）を求める声が強まります．ただ，そういう声に応えて金融機関がマネー・ストックを潤沢に供給するためには，潤沢なベース・マネー（現金およびそれと同意義の日銀当座預金残高）が必要です．すなわち，経済活動全体がより活発になるためにはベース・マネーの増大が必要となるわけです．したがって，この論理を辿っていくと，日銀がベース・マネーを大量に供給すれば，経済活動がより活発になることを支えることができる筋合いとなります．

もともと日銀は，マネー・ストックへの需要は民間部門における経済取引増

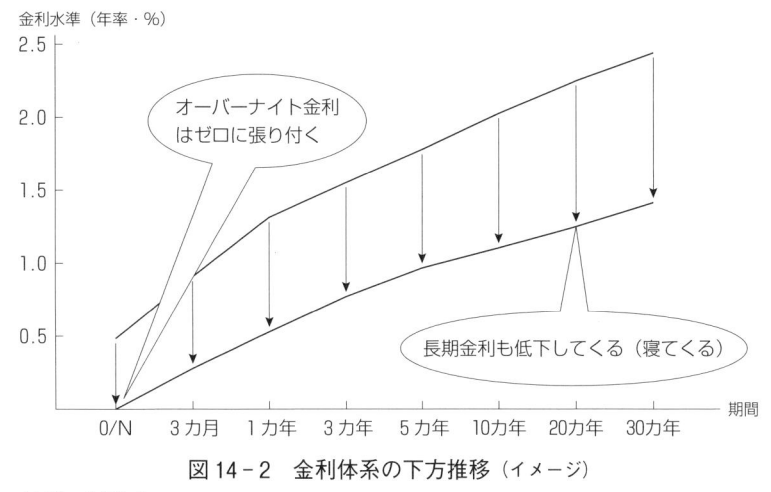

図中ラベル: 金利水準（年率・%）／オーバーナイト金利はゼロに張り付く／長期金利も低下してくる（寝てくる）／0/N　3カ月　1カ年　3カ年　5カ年　10カ年　20カ年　30カ年／期間

図14-2　金利体系の下方推移（イメージ）

（出所）著者作成．

大の結果生じるのであり，中央銀行が一方的にベース・マネーを増やしても，必ずしもマネー・ストックの増大には結び付くわけではないとの考え方に立って金融政策を運営してきました[1]．今回の量的緩和政策は，こうした従来の考え方に真っ向から反し，金融経済市場取引の外側から中央銀行が積極的にベース・マネーを供給すれば，それが民間部門の取引を増大させ，マネー・ストック需要は自ずと増大するとの考え方（これを外生的貨幣供給論と言います）に沿った考え方に転じたものであり，日銀は民間金融機関の日銀当座預金口座の残高を増やすべく，資金供給オペレーションを活発に行い始めました．これは，日銀のみならず欧米の主要中央銀行としても，画期的な出来事であったと言えましょう．そして，日銀は，民間金融機関が，オペレーションの結果入手した資金を金利が付かない当座預金口座に置いておくよりも，金利収入が得られるような資産運用が有利と判断し企業，個人などに積極的に貸出しようとする（それはマネー・ストックの供給増加となります）はずである，との期待を強めて政策を推進しました．

(2)　時間軸政策の導入

　日銀が導入した量的緩和政策のもう1つの特徴は，この政策が具体的にいつまで続けられるのか，いわゆる政策の時間軸が明確にされたことであり，後述するように，この施策がもたらした効果は大きかったように思われます．日銀

が量的緩和政策を「消費者物価指数の前年比上昇率が安定的にゼロ以上になるまで続ける」と公言したことにより，資金を需要する企業や個人は，「当分の間物価がプラスとなることはあるまい．したがって，しばらくは日銀はこの政策を続けざるを得ず，またその結果，ゼロ金利も続く」との確信を強めました．こうした雰囲気の背景には，次章の図15-1に示されるように，1990年代末頃からの物価の傾向的下落という事実がありました．そして，インターバンク金利のゼロ金利が当面続くと，インフレーション予想率も低下し中長期金利も当面は低水準が続くと確信した企業・個人は，安心して長期の資金借り入れを行うことができ，企業の設備投資や住宅投資を下支えしました．通常は長期資金の借り入れ需要が増えてくると長期金利は上昇するものですが，量的緩和が当分の間続くとの見込みがかなり強まった結果，長期金利体系は全体として下方に下がって（寝て）くるようになりました（図14-2）．

3　量的緩和政策の実際

(1) オペレーション

　量的緩和政策とは，実際にはどのように行われるのでしょうか．

　前述したように日銀は，民間金融機関が保有する国債をオペレーションにより買い入れます．まず，日銀は購入したい国債（国債種類，残存期間など）とその購入条件（購入価格の目安，購入総額など）を民間金融機関にオファーします．このオファーに対して各民間金融機関は，売りたい金額と売りたい価格を日銀に提示する（入札します）．その結果，より安い価格の方から，購入総額に達するまで日銀は順次購入を決定していきます．

　次に，日銀は購入した国債の代金を，売却した民間金融機関の当座預金口座に振り込みます（その結果，その金融機関の当座預金口座残高は増えます）．この結果，日銀は保有国債の残高が増え（資産サイド），当座預金残高の残高も同額増えます（負債サイド）．一方，民間金融機関は，資産サイドにおいて保有国債の残高が減り，それと同額の日銀預け金（当座預金口座残高）が増えます[2]．

　このような一連のオペレーション操作を行って，日銀は民間金融機関の当座預金口座残高を増大していくのです（それに伴って，日銀は資産項目の国債が増大し続けました）．この間の動きを，日銀，民間金融機関のそれぞれのバランス・シートで確認してみましょう（図14-3）．

日銀のバランス・シートの動き

（オペレーション前）		（オペレーション後）	
国債 100	当座預金 100	国債 120 (+20)	当座預金 120 (+20)

民間金融機関のバランス・シートの動き

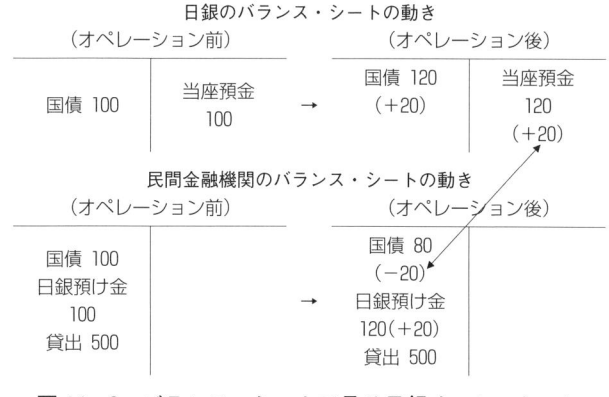

（オペレーション前）	（オペレーション後）
国債 100 日銀預け金 100 貸出 500	国債 80 (-20) 日銀預け金 120(+20) 貸出 500

図14-3 バランス・シートで見る日銀オペレーション
(出所) 著者作成.

(2) なぜ金融機関は日銀のオペレーションに応じたのか

前記のようなオペレーションによって日銀は民間金融機関が保有する国債の購入をし続け，逆に，民間金融機関は保有国債を日銀に売り続けました．しかし，日銀の国債購入オペレーションに応じるか否か，どこまで応じるかは，あくまでも民間金融機関の判断次第です．国債を売るにしても，金融機関側は安売りして損を出さないギリギリの水準を考えて売却希望価格（日銀の購入価格）と売却規模を日銀に示します（入札します）．

ただ，もともと金融機関は企業などへの貸出が伸びないという苦しい事情があるために，預金の運用先として大量の国債を保有しているわけで，国債保有額が増え過ぎないように，日銀の買い入れに応じて売る金融機関が多かったのです．さらに，金融機関には，危機時の対応として適当な金額の流動性（現金および日銀当座預金口座残高）を確保しておきたいとの気持ちが常に存在しており，日銀のオファーに応じやすい気持ちがありました．

逆に言えば，そうした金融機関の考え方や事情（金融機関がどんな種類の国債をどの程度保有しているか，どこまで日銀のオペレーションに応じようとしているか）を見極めたうえで，日銀はオペレーションの金額を決めていたとも言えます．現に，当座預金残高が目標値に近づいてくると，金融機関サイドでももうそれ以上の流動性確保の必要性が高まらず，オファーしても応募の実績が日銀希望総額に達しない状況（これを札割れと言います）も出現しました．

4　量的緩和政策の狙いと限界

(1)　ポートフォリオ・リバランス効果

　前述のように，量的緩和政策により，民間金融機関は法定準備預金額を大幅に超えた巨額の日銀当座預金口座残高を保有することとなりました．この日銀当座預金口座残高は，いくら保有していても利子がつかず，そこに置いておく限り，どんなに巨額でも，どんなに長期にわたっても，金融機関は収入を得られません．一方，この資金を他の資産運用（例えば企業・個人への貸出）に回せば，いくばくかの運用収入が期待できます．したがって，金融機関は何としてでも巨額の日銀当座預金口座残高を貸出などに回そうとするであろう，その結果，企業・個人の資金需要が満たされマネー・ストックが増大するであろう，との筋道を日銀は期待したのです．すなわち日銀は，量的緩和が行われれば，民間金融機関は自らの収入を増やすために，自らの資産内容を変更するであろう（これを，ポートフォリオ・リバランス〈portfolio-rebalance〉と言います）と期待したのです．これが実現すれば，民間金融機関の資産内容は，前掲の図14-3から図14-4のように，国債→日銀当座預金口座残高→貸出へと変化していくはずです．

　さらに，前述のような外生的貨幣供給論の立場から，日銀はさらに多くのベース・マネーを供給せよ，と主張する向きも見られました．マネー・ストックが増えれば購買力が増えるので，企業の販売・生産・雇用が増え，景気は回復する．景気回復が見られないのは，ポートフォリオ・リバランスが進まないからであり，すなわち日銀の量的緩和度合いが不足しているからであるとして，日銀はさらに一層当座預金口座残高を増やす努力をするべきである，との主張さえ聞かれました．

国債　80		国債　80
（−20）		日銀預け金
日銀預け金	→	100(−20)
120(+20)		貸出　520
貸出　500		(+20)

図14-4　民間金融機関のポートフォリオ・リバランス
　(出所)　著者作成．

(2) 量的緩和政策の限界

しかしながら、民間金融機関は、日銀の狙い通りには企業や個人への貸出を増やすことはしませんでした。あくまでも、民間金融機関は不良債権を増やすことを嫌がり、積極的に貸出を増やすことはしなかったのです（ゼロ金利時期から引き続いて信用収縮が見られたのです）。すなわち、民間金融機関は、貸出を無理して増やして不良貸出を作り出すよりも、利子収入は無駄にしても、経営の安定を確保するためにできるだけ資金的な余裕を持ちたいと考え、日銀が量的緩和のためのオペレーションを実施してくれる限り、当座預金口座残高の維持に努めたのでした。

2004年に入ると、量的緩和も本格的に行われ、当座預金の総額は日銀の狙うおおむね30-35兆円のレベルで推移するようになりました（図14-1）。そして、この年以降、表14-1に示されるように日本の景気は回復傾向に入りますが、これは量的緩和政策による直接的な効果が現れたものと言うよりは、ほぼ同時期に生じたアメリカ経済の回復に伴うものと言うべきでしょう。この時期にアメリカ経済はITバブル崩壊に伴う景気後退から漸く立ち直り（その結果、後の第18章で触れる不動産バブルが次第に嵩じてくるのです）、これに伴い、日本からの自動車、電機などの対米輸出が回復に転じ、これが影響して日本経済も回復基調の時期（2004-2007年）に戻ります[4]。

このように、量的緩和政策が所期の効果をあげて景気回復がもたらされたのかどうかは、議論が分かれるところですが、いずれにしても前記のような景気の回復を受けて、異例の政策を採り続ける背景がなくなったとして、量的緩和政策は2006年3月に解除されました。次章図15-1に示されるように、物価の傾向的下落も2006年頃からは収まりつつありました。政策金利（無担保コールレート・オーバーナイト物）を目標値へ誘導するとの金融政策手法が再び採用さ

表14-1 2000年代の日本の経済成長率の推移

（実質GDP対前年比成長率）

2001年	+0.18%	2006年	+2.04%
2002年	+0.26%	2007年	+2.36%
2003年	+1.41%	2008年	-1.20%
2004年	+2.74%	2009年	-5.21%
2005年	+1.93%		

（出所） 内閣府統計などから作成。

れ，従前のゼロ金利政策に戻ります．さらに，同年7月には政策金利の誘導目標値の引き上げが図られ，ゼロ金利政策も解除されます．この結果，政策金利の誘導目標値は実質ゼロ％から0.25％となり，その後0.5％にまで引き上げられました．

5　量的緩和政策の評価

　このように，量的緩和政策の景気回復効果は明瞭には確認できません．このことから，金融政策の手段としての有効性については賛否両論があります．

　否定的な考え方としては，2004年以降に景気が実際に回復したのは，アメリカの景気回復に伴い輸出が増えたからであり，量的緩和政策自体にはほとんど景気刺激効果がなかったとするものです．日銀のオペレーションを通じて当座預金口座に積み上げられた残高は，日銀の期待に反して企業等に向けた貸出増加には振り向けられず，結局マネー・ストック増大には寄与しなかったとするもので，バブル経済崩壊後の需要不足経済の下では中央銀行がいくらベース・マネーを供給しても，それはマネー・ストックの増加には直結しないとして，外生的貨幣供給論を否定するものです．また，当座預金残高が預金準備として必要なレベル以上に膨らむと，当座預金残高の過不足の調整機能を通じて行われる中央銀行の金利操作が事実上効かなくなるとの批判も聞かれます．

　一方，量的緩和政策の結果として生じた低金利は，企業・個人の資金調達コストの低下をもたらし，景気の下支えをしました．また，いつまで量的緩和政策を実施するのか，という時間軸を明確にしたことの効果もあって，金融政策が長期にわたり安定的に維持されるとの見通しを強めたことから，長期金利の低位安定を生じ，景気の下支えをもたらしたうえ，金融融機関が日銀当座預金口座に豊富な資金を預けておくことができたことは，金融機関の経営の安定化をもたらしたと，どちらかと言えば，量的緩和政策を肯定的に評価しようとする声も聞かれます．ただ，こうした肯定的な考え方をとる向きでも，量的緩和政策自体の景気刺激効果を評価する声は大きくはないように思われます．

6 リーマン・ショック以降の対応策
――再び当座預金口座残高の漸増を経て包括的金融政策の実施へ――

(1) リーマン・ショック後の資金供給

2006年3月の量的緩和政策の解除に伴い，民間金融機関の日銀当座預金口座の残高は急速に減少し，準備預金制度の対象金融機関が当座預金口座に積む「準備預金額」はほぼ「法定準備預金額」のレベルに収束していきました（図14-1）．

しかし，2008年9月にアメリカの大手投資銀行リーマン・ブラザーズが倒産したことを契機として，いわゆるリーマン・ショックが発生し，これが世界的な金融危機発生に発展したことから，民間金融機関の流動性資金確保の姿勢が再び急速に高まりました．これに呼応して日銀は各種の資金供給オペレーションを実施して，民間金融機関への資金供給を徐々に増やしていきました．その結果，当座預金残高は再び増加傾向を辿り始めました（図14-1）．

すなわち，まず2008年12月からは，リーマン・ショックに伴う企業の経営不安を払拭しその資金繰りを支える資金を民間金融機関経由で供給するために「企業金融支援特別オペレーション」を実施しました．これは，日銀に担保として預けられている社債やコマーシャル・ペーパー（CP）など民間企業の債務の範囲内で金額無制限，低利（政策金利の誘導目標と同水準）の資金を金融機関に供するもので，金融機関を通じて民間企業の資金繰りを支えることを狙ったものでした[5]．

「企業金融支援特別オペレーション」は2010年3月末に終了しましたが，引き続き民間金融機関への資金供給ルートを確保するために，日銀は2009年12月から「固定金利方式・共通担保資金供給オペレーション」を開始し，これは下記の「包括的な金融緩和政策」の一環としても活用されて現在に至っています．オペレーションによる資金供給規模（供給目標）は当初の10兆円から順次拡大され，2013年12月末までに25兆円とされています（2012年11月末現在）．

なお，円資金供給の話ではないですが，リーマン・ショック発生直後から欧米の金融機関は急速にドル資金の供給を絞り始めたことから，日本の金融機関はドル資金の調達に不安を感じざるを得なくなりました．これに対処するために，日銀では2008年9月から，米ドル資金の調達不安を抱える在日本の金融機

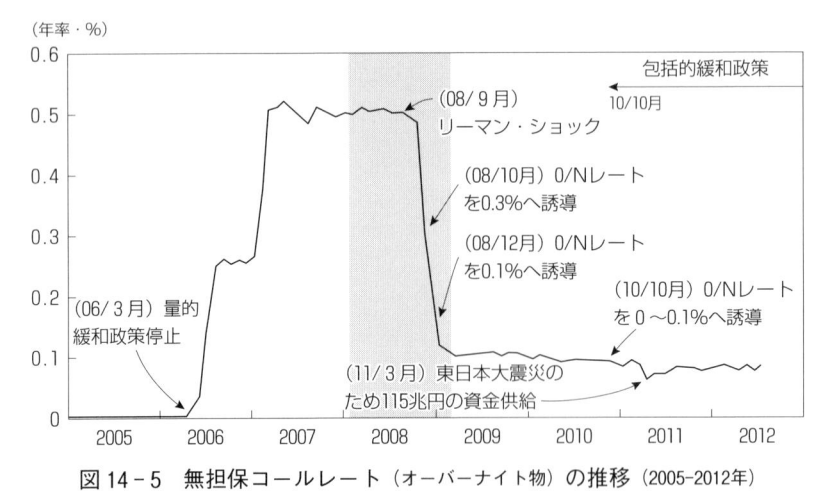

図14-5 無担保コールレート（オーバーナイト物）の推移（2005-2012年）

(注) 1. 各月の平均金利水準.
    2. シャドーの期間は景気後退期.
(出所) 日本銀行統計などから作成.

関（外国系銀行を含む）に対する米ドル資金を供給する貸付オペレーションも実施しました．この米ドル資金供給オペレーションは，日銀がニューヨーク連銀から円とドルとのスワップ取引によって米ドルを入手し供給するもので，当初は総額600億ドル，2010年5月からは制限なしで実施しています．

この間日銀は，政策金利の誘導目標を0.5%からリーマン・ショックの発生後の2008年10月に0.3%，さらに同年12月には0.1%へと引き下げました．図14-5は，前章図13-1の一部期間を拡大したものですが，この政策金利の誘導目標の引き下げを受けて，2008年末にかけて急速に低下していることが分かります．

(2) 包括的な金融緩和政策の導入

日銀では，リーマン・ショック発生後に採ってきた一連の金融緩和策，資金供給策を一括し，かつそれを増強したかたちで，2010年10月に「包括的な金融緩和政策」を打ち出しました．包括的緩和政策の主な内容は，以下の3点にまとめることができます．

まず，政策金利（無担保コールレート・オーバーナイト物）を0‐0.1%の範囲内の水準に誘導するとしたことです．これは，事実上のゼロ金利政策であり，

これを受けて**図14-5**においても，それまでほぼ0.1％のレベルに張り付いていた金利は0.1％を若干下回って推移し始めました．

第2に，この実質ゼロ金利政策を，消費者物価指数の前年比が安定的に＋1％程度になるまで継続するとしたことです．これは政策の期限とそれまでの継続性を示した時間軸効果を狙うものです．

第3に，従来から実施してきた国債買い入れ（経済成長に伴う通貨供給のため年間22兆円）とは別に，各種金融資産の買い入れのための基金を設けたことです．この基金では，国債に加えて，CP，社債，指数連動型上場投資信託，不動産投資信託など多様な金融資産の買い入れを実施するとし，その買入資産の規模は当初5兆円でしたが，次第に増額され，2012年末時点では翌2013年末までに76兆円の買い入れ規模を目指すとされました．さらに，2013年1月のインフレ・ターゲット政策の導入に伴い2014年初以降は毎月13兆円程度の買い入れを実施することとされました．この結果，従前から実施してきた固定金利・共通担保資金供給オペレーションの分を加えると，2013年末までに，この臨時資産買入基金の買い入れ規模は101兆円となり，さらに2014年初以降はこれに毎月13兆円程度が追加されることとなりました．

また2012年10月からは，従来からあった成長基盤強化支援のための資金供給（2010年6月から実施総枠5.5兆円）とあわせて，金融機関の貸出増加を支援するための資金供給制度（貸出支援基金，総枠無制限）を設けて，金融機関の貸出促進，企業等の資金需要の増加を促すことに努めています．

このように包括的緩和政策は，従前の量的緩和政策とゼロ金利政策を組み合わせた内容となっています．そういう意味でまさに「包括的な」政策です．さらに，量的緩和政策同様に金融機関の当座預金残高を増大することを狙った措置ですが，量的緩和政策が国債の買い入れに限定されていたのに対して，包括的緩和政策では，国債以外に，CPや社債などの民間企業債務や投資信託商品の購入を行うとしており，この点でも文字通り「包括的」な政策ですが，そうした民間リスク（こうした民間企業が負う債務は，国債に比べて債務が返済されない可能性が高いと見なされます）を中央銀行が抱えることとなる，という意味で異例の措置でもあります．民間のリスク商品を日銀が購入するということで，中央銀行資産のリスクが高まるうえに，日銀の購入により取引価格が上昇するなど市場取引にゆがみをもたらすとの批判も高まりました．ただ，日銀はこうした批判を承知し，あえて甘受することで異例の措置に踏み切ったと思われ，そ

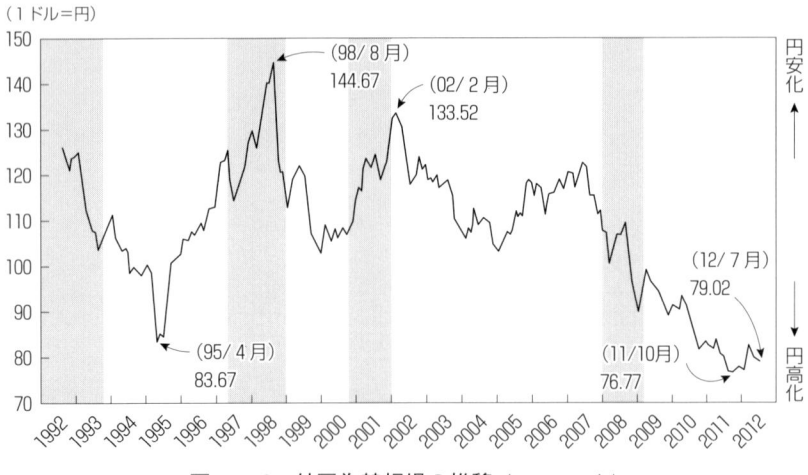

図14-6 外国為替相場の推移（1992-2012年）

(注) 東京市場における円・ドルスポット中心相場〈月中平均〉.
(出所) 日本銀行統計などから作成.

れだけリーマン・ショック以降の日本経済の不振が大きなものである（表14-1に示すように，2009年中の実質GDP前年比成長率は－5.2％の大幅な落ち込みを示しました）との認識を日銀がもっていたことの証左と言えましょう．

なお，2011年以降は，東日本大震災の発生に伴う金融機関の流動性不安の高まり，ユーロ危機などを背景として円高が急速に進展し景気後退懸念も強まったことから，これに対応するために，日銀は一段と資金供給姿勢を強化しました．包括的な金融緩和政策に伴う資産買い入れを順次増額していったのはその表れです．

円ドル相場については，図14-6に示されているように，リーマン・ショックまでは1ドルがおおむね100円から120円の範囲内で推移していましたが，同ショック以降はユーロ危機の深化も加わって100円を割り込む急激な円高が進展し，輸出関連産業を中心に企業経営を委縮させ，これに対応するために一段と積極的な金融緩和政策の必要性が強く叫ばれました．[6] その後円ドル相場は，輸入増大による経常収支の赤字化に加え，2013年1月の日銀のインフレ・ターゲットの導入などの金融緩和措置を反映して円安の方向に転じましたが，1ドル＝95円前後とリーマン・ショック以前の水準には戻り切っていません（2013年2月末時点）．

また，2011年3月には東日本大震災が発生し，年度末を間近に控えた金融機

関の流動性確保不安を和らげるために，総額115兆円の国債買い入れなどのオペレーションを実施しました（図14-1で，2011年3月に当座預金残高の水準が飛び跳ねているのはこのためです）．

こうした日銀の積極的な資金供給姿勢を反映して，日銀当座預金残高は量的緩和政策期と並び30兆円を超える水準で推移しています[7]．なお，この間民間金融機関側も，十分な流動性を確保し資金繰り上の余裕を得るために，日銀のオペレーションに積極的に応じてきました．

このように，量的緩和政策と，その後に改めて実施された包括的緩和政策は，景気回復を図る手段としてよりも，金融機関の資金繰りに余裕を持たせ金融機関経営の安定化を実現する面において大きな効果をもたらしたと言うことができます．

注
1) これを，金融経済市場取引の内部から貨幣需要は生まれ，それに応じて金融機関が供給する，という意味で内生的貨幣供給論と言います．
2) 要するに，民間金融機関にとっては国債から日銀当座預金口座残高へと資産の内容の入れ替えに過ぎず，資産総額は変わりません（この点は第3章で説明した通りです）．
3) 無利子の当座預金口座への預け金よりも有利子の国債の方が多少有利である訳ですが，低金利の状況下では金融機関にとってはさほど大きな差ではありません．なお，景気が好転し貸出需要が拡大すると自ずと金融機関の国債保有意欲は低下し，従って日銀のオペにも応じる必要も縮小しますが，その場合には，景気が好転しているので日銀としても量的緩和政策（国債の買いオペ）を実施する必要性が低下するので，問題は生じません．
4) この時期には日本企業もかなり積極的に雇用を伸ばし，新規学卒者の就職状況も好調で，学生の中には採用内定をいくつかの会社からもらい，実際に就職する会社の決定で悩む，という後からみると贅沢な状況が出現しました．ただ，製造業などでは正規雇用よりも臨時職員などの非正規雇用の増大で雇用をまかなう企業も多くみられ，そうした非正規労働者の中には，この後のリーマン・ショック（2008年9月）に伴う雇用調整のあおりを食って職を失った人も多く，大きな社会的問題となったことは記憶に新しいところです．
5) 供給規模は当初は2.5兆円程度でしたが，最盛期には供給残高8兆円弱に達しました．
6) 円高に関しては，第18章で後述するように，FRBがアメリカ経済の不振への対策として強力な量的緩和政策（QE）を実施しており，その結果円高（ドル安）が

進行しました．これへの対応策として，日銀としても，FRB の QE に対抗する形で金融緩和を続けざる得なくなっているとの事情は否定できません．
7) この結果，2012年10月以降の日銀の資産総額は，名目 GDP の30％を超える世界最大の規模に達しています．

Box 15　日銀の当座預金口座における超過準備額への付利について

　日銀は，リーマン・ショックを受けて政策金利を再び引き下げ始めた2008年10月から，日銀当座預金口座において，金融機関が法定準備預金額を超える金額（超過準備預金額）を当座預金口座に積む場合に，その超過残高に対して年率0.1％の金利を付与することとし，現在に至っています（これは補完当座預金制度と言われています）．

　これ以前には，当座預金口座の残高には，その残高の如何にかかわらず金利は付与されていませんでしたが，この措置により，資金余剰金融機関は日銀当座預金口座へ預け入れると，リスク・ゼロにもかかわらず年0.1％相当分の預金利子収入を確保できることとなりました．

　このことは，逆に言えば，リスクがある民間金融機関への資金貸出（インターバンクのコール取引など）は年0.1％以上の利子を付けなければ，資金の出し手がおらず成立しないことを意味します（年0.1％未満ではだれもインターバック取引には貸し応じてくれず，インターバンク取引市場は壊滅してしまいます）．すなわち，当座預金の超過準備預金残高への付利が年0.1％であれば，インターバンク取引では常に0.1％以上の金利が付けられる（当座預金金利がインターバンク金利の下限となる）し，0.1％以上の金利がつけられればインターバンク取引市場での取引量は確保されることとなります．

　日銀としては，ある程度以上のインターバンク取引市場の取引量があることは，金融政策を行う場が確保されることとなり，好都合かつ不可欠です．これまでは，日銀当座預金口座の残高にはどのような金額にせよ付利しなかったため，99年２月から2000年８月にかけてのゼロ金利政策時においては，資金余剰金融機関は余剰資金をインターバンク市場で貸し出さなくなり（余剰資金は日銀当座預金口座に預け入れる），一方，資金不足金融機関はインターバンク市場で必要資金を確保できなくなり（やむを得ず日銀から直接借り入れる），インターバンク市場は取引量が急速に細る壊滅的な打撃を受けました．それに伴って，インターバンク市場取引を仲介して利益を得る短資会社の経営も大打撃を受けました．

　こうした初回のゼロ金利政策期の経験を踏まえて，日銀では，インターバンク取引市場の規模と機能の維持を目指して，超過準備預金額に対して年0.1％の付利を決めたわけです．ただし，この結果，当座預金口座へ預け入れたままにしてもある程度の収益が得られますので，その分ポートフォリオ・リバランスの効果は削減されることとなります．

第15章 インフレ・ターゲット論

1 金融政策の目標とその達成手段

　従来の考え方では，金融政策とは，中央銀行が政策金利の誘導（変更）を通じて金利体系に影響を及ぼし，その結果実体経済にも影響を及ぼし，最終的に物価水準を安定化させようとする政策行為です．しかし，日本では，バブル経済が崩壊した後の1990年代，2000年代を通じて物価下落（デフレーション）を伴う景気後退局面が続き，その事態は抜本的な改善を見ないまま現在に至っています．図15-1に示されるように，日本の消費者物価（ここでは天候変動や海外の政情などに大きく左右される食料品とエネルギーを除くベースで見ています）は，バブル経済が崩壊した後1990年代に入ってからは，前年同月の水準をせいぜい2％程度上回るかたちで推移し，さらに90年代後半からは一段と伸び率のレベルを下げました．そして，金融危機（1997-98年）を経た後の90年代末からは現在に至るまでほぼ一貫して前年水準を下回るデフレ傾向が続いています．とくに

表15-1　金融緩和政策の種類とその手段，目標

政　策	政策達成の手段	政策の目標
通常の金融政策	政策金利の変更	政策金利（無担保コールレート〈オーバーナイト物〉）の低下を誘導．
ゼロ金利政策	政策金利の変更	政策金利（無担保コールレート〈オーバーナイト物〉）を実質的にゼロ水準に誘導．
量的緩和政策	ベース・マネーの変更	日銀当座預金残高を一定の水準に誘導・維持．
包括的緩和政策	政策金利の変更	政策金利（無担保コールレート〈オーバーナイト物〉）を実質的にゼロ水準に誘導．
	ベース・マネーの変更	日銀当座預金残高を一定の水準に誘導・維持．

（出所）　日本銀行ホームページなどから作成．

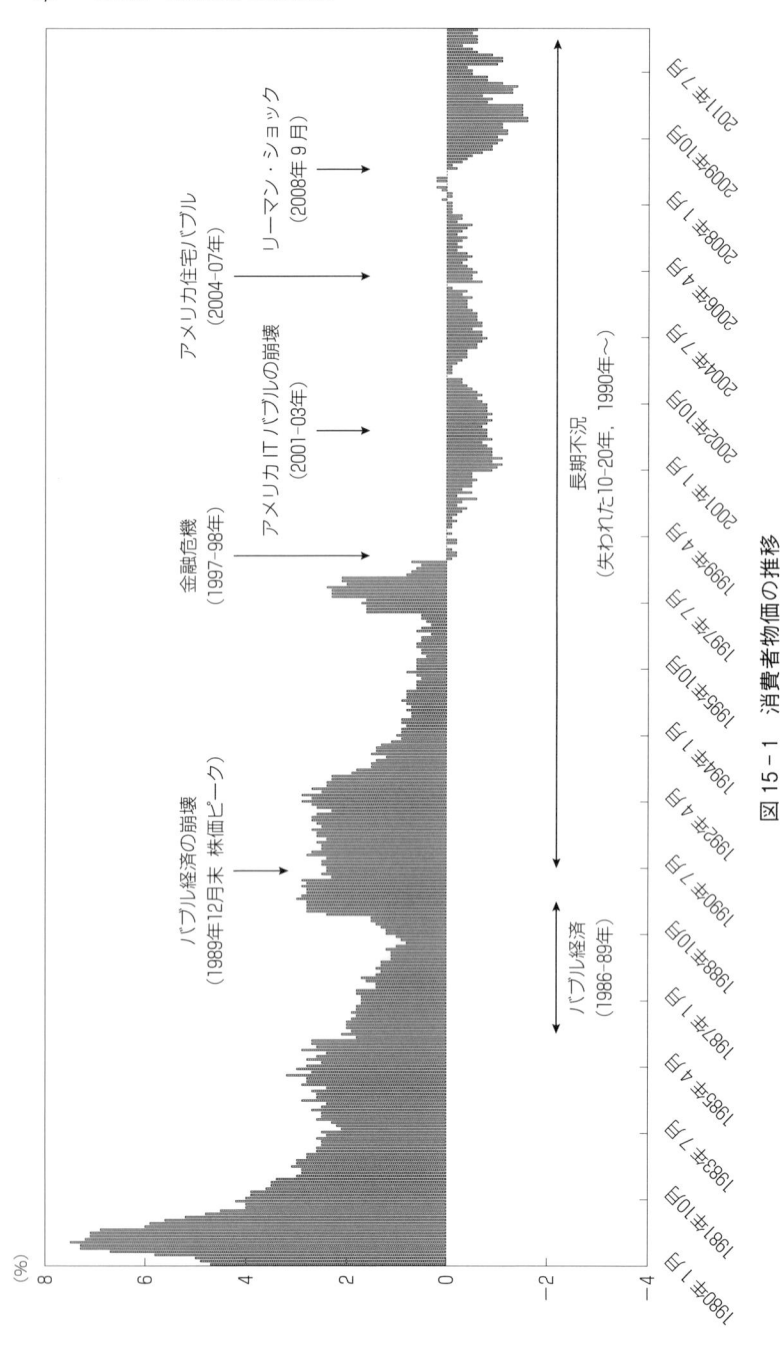

142　第Ⅱ部　金融危機と金融政策

図15－1　消費者物価の推移

(注)　全国消費者物価指数の前年同月比（食料品およびエネルギーを除くベース）。
(出所)　総務省統計局統計から作成。

リーマン・ショック以降は，前年水準を1％程度下回る深刻なデフレーションに陥っています．これにはそもそも，経済のグローバル化が進展し中国などの新興国からの安価な製品の輸入が増加しつつあったことに加えて，リーマン・ショック以降は1ドル＝70円台となるほどの円高の進展によって，輸入物価が一層低下したことが大きく影響していると思われます．

そのため，量的緩和政策やゼロ金利政策といった，従来は用いられない手段（非伝統的政策）が用いられるようになったことは前章までで説明した通りです．とくに量的緩和政策は，政策の目標，手段を大きく変えるものでしたし，現在日銀が実施している包括的緩和政策は量的緩和政策とゼロ金利政策を組み合わせた，やはりこれまでには見られなかった姿となっています（表15-1）．

2　インフレ・ターゲット政策

しかし，伝統的な政策のみならずこうした非伝統的政策を実施しても，日本経済はデフレ状態からなかなか簡単には脱却できないことから，第3の政策としてインフレ・ターゲット政策が主張されるようになってきました．

インフレ・ターゲット政策とは，デフレーション（物価の持続的な低下）の改善を目指して，物価上昇率を政策の直接の目標に置くものです．例えば，「2年後に年間の消費者物価上昇率前年比＋2％を達成する」といった目標を定め，その実現に向けて中央銀行が所要の施策を実行するという考え方です．政策の種類とその手段，目標について整理すれば，表15-1の続きとして表15-2のようにまとめることができるでしょう．

具体的には，長期国債の買い入れオペ，株価指数連動型投資信託の購入，不動産投資信託の購入などの多様な施策を実施して，金融機関の日銀当座預金口座に思い切って豊富な資金を供給することですが，同じように日銀当座預金残高を増大させることを目指す量的緩和政策とは大きく異なります．量的緩和政策は，数値目標（物価上昇率）の下限は設定するが，上限は明示しないうえ，

表15-2　インフレ・ターゲットの政策の種類とその手段，目標

政　策	政策達成の手段	政策の目標
インフレ・ターゲット	物価上昇率	一定水準の消費者物価上昇率を達成する

（出所）　著者作成．

政策達成の時期を明示しない点が特徴的です．一方，欧米での実施例によれば，インフレ・ターゲット政策では数値目標の上下限を明示しますし，また数値目標の達成時期を明示する場合が多いようです．数値目標の上限を明示するのは，これ以上のインフレは容認しないとの中央銀行の姿勢を示すためです．すなわち，インフレ・ターゲット政策は物価安定数値目標でもあるのです．

インフレ・ターゲット政策を採用することは，政策実施者である中央銀行の立場，行動も大きく規定することとなります．すなわち，

① 具体的な政策目標を明示し（また，その達成時期をあらかじめ明示することによって），目標を達成できない場合には中央銀行には必要な措置を直ちにとる義務があるので，金融政策の運営の透明性が高まる．
② 目的達成の具体的な政策運営（いつ，どのような資産をどのくらい購入するか，など）は中央銀行に委ねられるので，政策運営面での中央銀行の独立性は確保される．
③ その一方で，中央銀行の責任がはっきりとされるので，政策運営に関しての説明責任（アカウンタビリティ：accountability）が強く求められるようになる．

こうしたインフレ・ターゲット政策を支持する人びとは，中央銀行がインフレ・ターゲットを明示し，その達成に向けて政策運営の努力を重ねると宣言すれば，民間の企業，金融機関，個人はそうした中央銀行の政策姿勢を前提として，先行きの金利，通貨の状況をはっきりと見通すことができる（すなわち，人々のインフレ期待が高まる），また，その結果として，確信をもって自らの経済行動をとることができるので景気は活発になり，その結果として物価も上昇する，として，中央銀行はこれを積極的に導入するべきであると主張しています．繰り返しとなりますが，量的緩和政策は単に資金を金融市場に供給しているに過ぎない（強いて言えば，多少のポートフォリオ・リバランス効果を狙っている）のに対して，インフレ・ターゲット政策は，インフレ・ターゲットをはっきりと示すことで中央銀行の姿勢を明確にし，それによって人々のインフレ期待を強め，先行きの物価上昇を見越した人々の需要を刺激しようとする（これによって現在の需要不足も克服される）政策なのです．

3 インフレ・ターゲット政策への賛否

(1) インフレ・ターゲット政策の導入事例

インフレ・ターゲット政策は，かつて1930年代のスウェーデン国立銀行で物価水準目標が数年間実施された後，1990年にニュージーランド連銀が導入した経緯があります．そして，それを皮切りに，1990年代に入るとカナダ，イギリス，スウェーデンなど20以上の諸国で実施されるようになりました（表15-3）．

(2) なぜ中央銀行はインフレ・ターゲット政策に踏み切らないのか

ただ，前記の事例を含め，これまでインフレ・ターゲット政策を実施した国の多くは，もっぱらインフレーション（物価上昇）の状況下で，その抑制を狙って実施されたものばかりです．現在の日本のようにデフレーションに陥り，それからの脱却の政策として行われた実例は見当たりません．また，そもそもデフレーション対策としての効果についても疑問視する考え方も多いのが実情です．そうした事情を反映して，アメリカ，日本，EU（ユーロ圏）などではこれまで導入されたことはありません．

このように，インフレ・ターゲット政策に踏み切らない中央銀行があるのはなぜでしょうか．その背景を整理してみましょう．そもそもインフレ・ターゲット政策では，当座預金残高を増大させるために，巨額の国債の買い切り，多様な金融資産の購入などを行いますが，このために中央銀行資産の規模は大きく膨らみ，同時にリスク商品を抱えることになり資産内容の劣化が危惧されます．その一方，中央銀行が特定の金融商品を資産として購入することは，当該

表15-3 インフレ・ターゲット政策の導入事例

	ニュージーランド	カナダ	イギリス	スウェーデン
導入時期	1990年	1991年	1992年	1993年
対象の物価指数	CPI総合	CPI総合	CPI総合	CPI総合
ターゲット値	1-3%	1-3% 中心は2%	2%	2% ±1%
期　間	中　期	18-24カ月	妥当な期間	通常2年以内
設定主体	政府・中央銀行の合意	政府・中央銀行の合意	財務大臣	中央銀行総裁

（出所）　各国中央銀行ホームページなどから作成．

金融商品の取引価格形成に影響を及ぼすなど,金融市場に「ゆがみ」を生じさせかねません.

しかし,こうした心配が大きい割には,インフレーション率を上昇させる理論的な経路がはっきりしていません.金融市場に大量にマネーを供給しても実体経済の回復に結びつかず,デフレーションを克服することが容易ではないことは,日本の量的緩和政策の実施を通じて広く認識されたことです.こうした大きなデメリットがある(確実なメリットが少ない)にもかかわらず,デフレーションから脱却し目標の物価上昇率に到達することは容易ではなく,また想定した時期までに物価上昇率の上昇を達成できなければ,中央銀行は信認を失いかねません.さらに,仮に物価上昇が生じたとしても,インフレーションのコントロールは容易ではなく,果たして目標値にうまく収まるかどうか不透明です.要するにインフレーションのコントロールは難しく,やってみないと分からないし,コントロールできなかった時には中央銀行はその信認を失うので,そうした「危ない橋は渡れない」というのが主要な中央銀行の本音でした.

4 日米欧におけるインフレ目標導入の動き

ただし,インフレ・ターゲット政策を導入していない中央銀行でも先行きの物価動向については注視せざるを得ませんし,日米欧の主要中央銀行でも何らかの形で物価動向に関する見通しを公表してきました(表15-4).これを見ると,事実上インフレ・ターゲット採用国と同様の形になっていますが,これら

表15-4 日米欧中央銀行におけるこれまでの物価見通しの内容

国	物価見通しの内容
日本(日本銀行)	・金融政策運営にあたり,各政策委員が,「中長期的にみて物価が安定していると理解する物価上昇率」を示している(2006年3月～). (例)「消費者物価指数前年比で2%以下のプラスの領域にあり,委員の大勢は1%程度」
アメリカ(FRB)	・四半期毎に公表する経済見通しの中で,先行き3年間に加えてより長期(longer run)の経済成長率,失業率,インフレ率を示している(中央傾向値,2009年初より).
ユーロ圏(ECB)	・ユーロ導入前の1998年10月に,ECBの金融政策が目指すのは,圏内の物価上昇率を中期的に2%未満に収める貨幣価値安定を維持することと定義.

(出所) 各国中央銀行のホームページなどから作成.

の国ではあくまでも「見通し」あるいは「目標」であり，中央銀行の政策を縛る「ターゲット」ではないとの立場を崩していませんでした．

これに加えて，2012年に入ってから日米両国の中央銀行では，さらに踏み込んだ形での物価目標（見通し）を公表し始めました．

まずFRBは，2012年1月，アメリカの景気の回復テンポの遅れに対応するために金融緩和策を公表し，その一環として長期の物価目標（longer-run goal）を制定しました．すなわち，事実上のゼロ金利政策（アメリカの場合には政策金利FFレート（オーバーナイト物）を0 - 0.25％に据え置く）を従前の「少なくとも2013年半ばまで続ける」から「2014年末頃まで続ける」へ変更すると表明し，時間軸政策を強化しましたが，これに加えて，長期的な物価目標として「前年比＋2％」という水準を設定したのです．ただし，FRBは，この目標（goal）はそれから外れたら直ちに対応措置をとるターゲットではなくて，あくまでも目標値であると強調しています．しかし，バーナンキ議長は本来インフレ・ターゲット論を支持していましたし，各地の連銀総裁の中には，長期的なインフレ目標の導入を支持する総裁も散見されており，こうした点も前記のような目標値設定に影響を及ぼしたものと思われます．

FRBのこうした動きに呼応するかのように，日銀も，翌2012年2月に「中長期的な物価安定の目途」を導入しました．これは，従来の「中長期的な物価安定の理解」（表15-4）に替えて，中長期的に持続可能な物価の安定と整合的な物価上昇率を「中長期的な物価安定の目途」として示そうとするものです．具体的に，2012年2月の時点では「中長期的な物価安定の目途」は「消費者物価の前年比上昇率で2％以下のプラスの領域にある」と判断し，そのうえで「当面は1％を目途」として金融政策を運営する，としました．ただし，日銀のこの「中長期的な物価安定の目途」（英語ではFRBと同じgoalとなっています）でも，FRBの物価目標と同様に，いつまでの達成するのか，達成できなかった場合の対応措置などは示されておらず，金融政策運営上のあくまでも参考値的な概念にとどまるものとされていました．

5　日本におけるインフレ・ターゲット政策の導入

このように設定された物価の見通しについて，日米の中央銀行では，あくまでも目指すべき一応の目標値（goal）であり，達成できない場合の責任が追及

されかねないターゲット（target）の設定ではないとの気持ちが強い状況が続いていましたが，経済停滞の長期化を受けて，さらに踏み込んだインフレ・ターゲット政策の採用を迫る声が高まりました．

とくに日本では，こうした声に押されて，2012年10月に日銀は政府（民主党政権）との連名で「デフレ脱却に向けた取組みについて」との文書を公表し，その中で日銀はデフレ脱却に向けて「強力に金融緩和を推進していく」と明言し，さらに「金融政策運営の考え方を市場にわかりやすく説明していく努力を続ける」としました．しかし，この文書では当面の「中長期的な物価安定の目途」として掲げられた水準は１％のままにとどめられ，またあくまでも目途としての扱いにとどめられました．

その後，同年12月の総選挙で圧勝した自民・公明党による安倍政権が，日銀に対してインフレ・ターゲット政策の導入を強く迫った結果，日銀はこれを受け入れ，2013年１月に政府・日銀は「デフレ脱却と持続的な経済成長の実現のための政府・日本銀行の政策連携について」との共同声明を公表しました．同文書の骨子は，

① デフレからの早期脱却と物価安定の下での持続的な経済成長の実現のために政府，日銀は政策連携を強化する，
② そのために日銀は，日本経済の競争力と成長力の強化に向けた幅広い主体の取り組みの進展に伴って持続可能な物価の安定と整合的な物価上昇率が高まっていくと認識し，物価安定の目標を消費者物価前年比上昇率で２％とする，
③ 日銀は，この物価安定の目標の下で金融緩和を推進し，できるだけ早期の実現を目指す，
④ 政府は，日本経済の競争力と成長力の強化に向けた取り組みを具体化し，強力に推進する，
⑤ また政府は，財政運営に対する信認を確保するべく，持続可能な財政構造の確立に向けた取り組みを着実に推進する．
⑥ 金融政策を含むマクロ経済政策運営の状況，物価の現状，雇用情勢を含む経済・財政状況，経済構造改革の取り組み状況などについて，経済財政諮問会議で定期的に検証する，

というものです．

また，これと同時に，日銀は同じ日の金融政策決定会合において，2014年以降「資産買入等の基金」による月間買い入れ額を，期限を定めずに総額13兆円（この結果，同基金の残高は2014年中に10兆円程度増加して推移するとの見込み）とする金融緩和措置を決定しました．

このような経緯を経て，日本でも事実上のインフレ・ターゲット政策が実施されることとなりましたが，わずか1カ月の間に物価安定の目標値を「目途1％」から「目標2％」に変える根拠が薄く，＋2％の物価上昇は到底達成できないなど，日銀の考え方に疑問を呈する向き（その根底には，日銀に対する政策変換を強く求めるなど日銀の独立性を侵しかねない安倍政権の姿勢，さらにはそれを受け入れた日銀の姿勢に対する強い批判も加わっています）や，インフレ・ターゲットの達成を目指して日銀が行う期限を定めない資金供給の結果は家計所得の増大を伴わない物価上昇（すなわちスタグフレーション）となると危惧する声が強いのは事実です．大幅な資金供給を続けている間に政府による日本経済の競争力と成長力強化に向けた取り組みが功を奏しなければならない，との見方も否定できません．

しかし，その一方で，インフレ・ターゲット論を強く支持する向きの中には，今回の措置では，インフレ・ターゲット達成の時期が明定されていないうえ（共同声明では，できるだけ早期の実現を目指す，とされています），日銀の実際の追加方針では資金供給拡大幅が物足りないとする声も聞かれています．

2012年末から2013年3月にかけては，こうした日銀の政策変更に加えて，さらに追加の金融緩和措置期待もあって，外国為替相場は1ドル＝90円台を超えた円安傾向を辿り，こうした円安化に加えてアメリカの景気の回復期待の高まりなどもあって株価も上昇し始めています（2013年3月には，日経平均株価は1万2000円台を回復）．しかし，インフレ・ターゲット政策の導入が果たして本当にどのような政策効果をもたらすものであるのか，本当に2％の物価上昇をもたらせるのか，それを判断するにはもう少し時間が必要です．

注

1) さらに2012年9月には，FRBは，ゼロ金利政策を「少なくとも2015年半ばまで続ける」と継続期間を延長しました．
2) この結果，この資産買入基金の買い入れ規模は，2014年以降は2013年末までの101兆円を大幅に超える見込みとなります．

第16章 時間軸政策

1 時間軸政策とは何か

(1) 時間軸政策の導入

 時間軸政策とは,政策実施者が,新たな政策を導入するに当たりあらかじめ条件を示し,その条件が続く限り(あるいは,その条件が達成されない限り)その政策を継続する(あるいは,変更しない)との意思を明確にして,おおかたの市場参加者に政策の継続性を確信させ,その結果市場動向に関しても一定の方向性への予想を強めることにより安心して取引を続けさせる(あるいは取引をあきらめさせる)効果を期待する政策です.

 具体的に,日本の金融政策では,1999年2月から実施されたゼロ金利政策において初めて活用されました.同政策開始時に日銀は,「デフレ懸念の払拭が展望できるようになるまで,政策金利(無担保コールレート〈オーバーナイト物〉)の水準を実質ゼロに誘導する」と宣言したのです.さらに,2001年3月からの量的緩和政策の導入に際しては,「当面,日銀当座預金残高を増額し,この政策を消費者物価指数(CPI)の前年比上昇率が安定的にゼロ以上になるまで続ける」との方針を公表しました.

 このように付与された条件が達成されるまでどの程度の時間を要するかは,(なかなか達成されないであろうとの予感を含めて)取引関係者にとってはある程度見当がつきます.したがって,現下の日本経済のデフレーション状況の克服という条件が達成されるまでにかなりの時間を要することが誰の目にも明らかな時には,それまでの間は政策変更がなく,取引環境は変わらないとの確信を取引関係者に与えることができます.その結果,将来的なインフレーション予想にも影響を与え,日銀が直接誘導操作する政策金利のみならず,より取引期間が長い金融取引についても一定の水準へ低下する期待が自然に形成され,条件

達成までは安心して取引に参加できるようになります．その結果，その方向での取引を拡大しようとする人が増え，期待形成が一段と強まることとなります．

(2) 画期的であった時間軸政策

　ゼロ金利政策の導入以前の日本の金融政策では，実施されてもそれがいつまで継続されるのか，という点が明確にされることはありませんでした．すなわち，経済環境の変化に伴って，急に政策変更が行われる可能性が常にありましたし，経済の状態は見る人によってかなり判断が分かれる場合も多く，具体的にどのような状況になると政策変更が行われるのかは日銀の判断（あるいはその背景にいる政府の意向）に左右される面が大きかったのです．

　したがって，その政策を前提とした取引をどこまで拡大してよいのか不透明な面が残され，一定方向への市場関係者の予想を形成する効果にも限界がありました．そうした効果がはっきりと形成される可能性を高めたという意味で，ゼロ金利政策，量的緩和政策の導入に当たってその時間軸（政策維持期間）を公表したのは画期的な政策姿勢であり，金融政策運営の新たな概念の導入であったと言っても過言ではないでしょう．

　ただし，ゼロ金利政策の発表の際の，「デフレ懸念の払拭が展望できるようになるまで」という表現はかなり曖昧でした．「デフレ懸念」とは何か，どういう状況を指すのか，その「払拭が展望される」とはどのような状態を指すのか，といった疑問が呈されましたが，不明確なままでした．おそらく当の日銀も，まったく初めての試みであったので，こうした点については明確な考え方を持っていたわけではなく，「当分の間はゼロ金利政策を続けますよ」とのメッセージを市場関係者に伝えることができれば，それで良し，としていたのでしょう．ただし，こうした点が曖昧であったため，2000年8月にゼロ金利政策をいったん解除した時には，消費者物価指数前年比について＋0.5％程度の水準がその直前の半年間ほど持続していたことが日銀の政策変更判断のベースとなったとされていますが，そうした判断に対しても，政府，経済界を中心に「これでも政策変更は時期尚早」として反対の声が聞かれたほどでした．

　そこで，次の量的緩和政策の導入発表の際には，「消費者物価指数の前年比上昇率が安定的にゼロ以上になるまで」と，ゼロ金利政策の時と比較するとかなり明確な（具体的な）表現とされました．もっとも，これでも「安定的に」とはどの程度を指すのか（どの程度長くゼロ以上になると安定的というのか），との

疑問が残りましたが,ゼロ金利政策の時よりは曖昧さはかなり消えたことは事実です．この結果,量的緩和政策の時には,かなり長い期間にわたって金利が低い水準にとどまるとの確信が強まり,長期金利のリスク・プレミアムも減少し,つまり長期金利が低下し,金利体系全般の低下（寝てくる状態）がもたらされました．

2 中長期的な物価の安定について

(1) 新たな金融政策運営の枠組み

　量的緩和政策は2006年3月に解除され,金融政策は通常の政策金利誘導型に戻りましたが,量的緩和政策期間中の議論を通じて,金融政策にとって中長期的な物価の安定を実現することが重要であるとの認識が改めて強まりました．そこで日銀は,量的緩和政策の解除と同時に,新たな金融政策運営の枠組みを導入し,中長期的に物価が安定するか否か,との観点から金融政策を運営するとの姿勢に転じました．

　この時日銀が発表した「新たな金融政策運営の枠組み」の骨子は次の2点から成っています．

① 金融政策の運営は,日銀（政策委員）が「中長期的にみて物価が安定していると理解する」物価上昇率を念頭に置いて行う．
② 金融政策の運営方針は,次の2つの観点（これを日銀は「柱」と呼んでいます）から物価や経済情勢を点検したうえで,決定する．
　【第1の柱】先行き1-2年において最も実現可能性が高いと思われる経済・物価の動きは,物価が安定した持続的な成長経路を辿っていると思われるか？
　【第2の柱】さらに,より長期的にみて（3-5年）,物価が安定しているもとで持続的に経済が成長することに対して,大きな影響を与える可能性があるリスク要因はないか？

　そして,前記の①に記された日銀（政策委員）が「中長期的にみて物価が安定していると理解する」物価上昇率とは,現時点では「1％程度」だとされました．

　中央銀行の政策遂行の目的が「物価の安定」であることは十分認識されてい

ると思いますが，このように金融政策の運営上で「物価の安定」が改めて強く意識されるようになったのも，前述のように，ゼロ金利政策においては「デフレ懸念の払拭が展望できるようになるまで」，量的緩和政策においては「消費者物価指数の前年比上昇率が安定的にゼロ以上になるまで」と，物価の動向によってその金融政策の継続性が決まる時間軸政策の効果が強調されるようになり，物価が中長期的にどう動くかが金融政策のあり方を非常に大きく左右するようになったためです．

　前記の「新たな金融政策運営の枠組み」では，中長期的にみて安定していると理解される物価水準（当面は＋1％程度）を明示しただけではなく，日銀がどのような観点から金融経済状況を点検するのか，という枠組み（第1，2の柱）までも示すことによって，政策判断のプロセスの透明性を高めたという点で，金融政策史上の重要な位置づけとなるものと考えられます．こうした政策当局の姿勢を反映して，今日では，実際の金融取引を行う市場関係者は，金融政策の時間軸を強く意識して行動するようになりました．

(2) 「中長期的な物価安定の目途」，そしてさらに「物価安定の目標」へ

　さらに日銀では，2012年2月に「中長期的な物価安定の目途」という概念を導入し，金融政策運営の時期的なゴールを一段と明確にしました．これは，前述の「新たな金融政策運営の枠組み」（2006年3月）における「中長期的な物価安定の理解」に替えて，中長期的に持続可能な物価の安定と整合的な物価上昇率である「中長期的な物価安定の目途」を示すとするものです．そのうえで，「中長期的な物価安定の目途」は，「消費者物価の前年比上昇率で2％以下のプラスの領域にある」と判断していることを明らかにし，当面は「1％を目途」として金融政策を運営するとの姿勢を公表しました（「中長期的な物価安定の目途」は原則として1年ごとに点検）．

　これは，第15章でも説明したように，2012年1月にFRBが新たに設定した「長期の物価目標（longer-run goal）」に多分に触発された面があることは否めないのですが，「中長期的な物価安定の理解」という意味合いが曖昧な概念を超えて，努力目標的な位置づけに改めたという意味で，政策運営の方向性と時間軸をより明確にしたものと評価することができると思われます．

　そして日銀は，2013年1月には，第15章で説明したようにインフレ・ターゲット政策の導入を決断し，前記の「中長期的な物価安定の目途」に替えて「物

価安定の目標」との概念を導入し，その目標を「消費者物価の前年比上昇率2％」とすることにしました（ただし，達成時期は明示されていません）．これにより政策運営の方向性と時間軸がさらに一段と明確にされたことは事実ですし，何よりも日銀のデフレ克服に向けた強い意思が示され，人々のインフレ予想を強める効果がもたらされると評価する声も聞かれています．

3 時間軸効果がもたらしたもの

　量的緩和政策は，金融機関から企業・個人への貸し出しが大幅に増えることを期待した政策（ポートフォリオ・リバランス効果）ですが，その面の効果を大きく評価することはできません．しかし，金融機関は潤沢な資金を常に日銀当座預金口座に積んでおくこととなり，不良債権問題による金融不安の時期（2003年のりそな銀行，足利銀行の破綻など）においても，資金繰りに苦しむ金融機関が生じることなく，金融界全体としては大きな動揺もなく過ごすことができました．

　一方，時間軸効果が発揮されて，長期金利を含めて諸金利が低下し，金利体系は全体としてかなり寝てしまいました．この結果，大きな資金需要は生じなかったものの，長期間にわたり金利が低い水準にとどまるとの見通しは，時間軸が不透明である場合と比べて景気のさらなる悪化を防ぎ，その下支えをしたと考えられます．

　このように，金融政策の実施に当たって，その実施期限を明記し，時間軸を明らかにするとの政策姿勢は，政策の効果を一層大きなものとする効果があることが認識されてきており，今後の中央銀行の金融政策では不可欠の条件となると思われます．日銀のそうした認識を色濃く反映したものが，前述の「新たな金融政策運営の枠組み」であり，それを強化した「中長期的な物価安定の目途」であり，さらに「物価安定の目標」の導入です．

> **Box 16**　　　　　　　　FRB の時間軸政策
>
> 　アメリカでは，景気の低迷に押されて FRB は，2011年8月に「政策金利（Federal Fund Rate: FF レート）を少なくとも2013年半ばまでは0〜0.25％の水準に据え置く」と表明しました．「少なくとも2013年半ばまでは」と具体的な時期を明示

することにより，金融政策の時間軸を明確にしました．

さらに2012年1月には，アメリカの景気の回復テンポの遅れに対応するために，金融緩和策を公表し，その一環として長期の物価目標（longer-run goal）として「前年比＋2％」という水準を設定しました．同時に，「2014年末頃までFFレートを0〜0.25％の水準に据え置く」として，ゼロ金利政策を強化したのです．^{注)}

また，同じく2012年1月からはFFレートの予想値の公表も始めました．これは，① 今後数年間の毎年第4四半期（10‐12月）におけるFFレート誘導目標値の予想，② 長期的に適切なFFレート，③ 誘導目標の最初の引き上げ時期，を明示するものです．

このように，金融政策運営に当たっての考え方が公表されたことによって，アメリカの金融市場では，少なくとも向こう2年ないし3年の間は，金利は上昇しないとの確信が強まっています．FRBとしては，こうした低金利持続の見方が金融市場に広まることによって，景気下支えの効果がより強まることを期待しているのです．

注）2012年9月には，これを「少なくとも2015年半ばまで」に延長しました．

第17章　金融機関のプルーデンス政策と中央銀行

はじめに

　金融政策は，中央銀行当座預金口座を通じて民間金融機関と取引を行うことによって，中央銀行が好ましいと考える金融環境を創出し政策上の目的を達成しようとするものです．したがって，その取引相手である金融機関の経営に支障が生じ，またその支障が他の金融機関に波及していくとなると，それはその金融機関だけの問題にとどまらず，中央銀行にとっても政策遂行に支障を来す由々しき事態となります．こうした事態は中央銀行としても絶対に避けたいところであり，そのため中央銀行としても，個々の金融機関の経営状況について多大の関心を寄せざるを得ないのです．

　こうした観点から，この章では，金融機関の経営の健全性に影響を及ぼす要因（リスク）にはどのようなものがあるか，健全性を維持するためにはどうしたら良いか（どのようにさせたら良いか），といった問題（金融機関のプルーデンス政策問題）について議論を深めていきたいと思います．金融機関のプルーデンス政策は，監督権限を有する政府・公的当局の取り組み課題であるとする国が多く，これまで議論してきた金融政策の直接的な対象とはならない面が多いのですが，円滑な金融政策機能を確保するという観点から中央銀行としても無視できない問題であり，あえて本章で取り上げました．

1　金融機関のリスク

　現代社会ではさまざまな種類の金融機関が金融機能を発揮しているが，いずれの金融機関も，預金，保険金掛け金などさまざまなかたちで資金を調達し，その資金を貸出，有価証券の購入といったかたちで投資（資産運用）すること

表17-1　金融機関が抱える可能性のあるリスク

リスク	リスクの内容
貸倒れリスク（信用リスク）	貸出した資金の一部または全部の返済を受けられない（回収できない）．
価格リスク	有価証券，外国為替（外貨建て資産）を保有する時に，売却価格が購入価格を下回り損失を被る．
金利リスク	金利状況が変化することにより，保有資産の運用金利収入が減り，あるいは負債の調達金利（支払い金利）の負担が増えることにより，損失を被る．価格リスクの一種とも言える．
為替リスク	為替レートの変更によって，保有外貨建て資産あるいは負債の自国通貨建て額が変化することにより損失を被る．これも価格リスクの一種である．
決済リスク	資金と資金の交換，資金と証券の交換，証券と証券の交換などにおいて，決済（交換）が順調にいかないことにより損失を被る．為替売買に伴うヘルシュタット・リスクも決済リスクの一種である．
システムリスク	使用しているコンピューターの故障や，システムのダウンなどにより金融業務を順調に行うことができなくなり，その結果自社や顧客に損失を与える（顧客に損失を与えると損害賠償を請求され，また信用を失うので，最終的には自社の損失となる）．
事務リスク	職員の偶然のミスや故意の犯罪などにより金融業務を行うことができなくなり，自社や顧客に損失を与える．
経営リスク	経営者の事故や判断の誤りなどにより，自社や顧客に損失を与える．
ソブリンリスク（国家リスク）	特定の国家・地域に所在する企業，金融機関と取引する際に，その国家・地域固有の事情で，その取引において損失を被る．ある海外企業への融資が，その企業所在国の事情によって回収困難に陥った場合には，ソブリンリスクが顕現化したと言うことができる．
地政学上のリスク	政治的・軍事的な緊張の高まりなど，特定の地域が抱える事情によって，あるいは地理的な位置関係によって，その特定地域の経済の先行き動向の見通しが不透明となり，そのことが原因となって最終的には損失を被る．
流動性リスク	前記のさまざまなリスクを抱え込んだ金融機関は資金の調達が次第に困難となり（預金の流出，他社からの借り入れ困難化），必要な資金を調達するためにはより高い金利を支払う必要が生じる．この調達コストの上昇はその金融機関にとって損失であり，これが流動性リスクとなる．異常に多くのリスクを抱え，どんない高コストの金利を支払っても資金調達ができなくなった金融機関は支払い不能になり，最終的には営業ができなくなる（経営破綻）．

(出所)　横山昭雄編『金融機関のリスク管理と自己資本』（有斐閣，1989年）などから作成．

によって利益をあげようとしている事業法人です．

　そして，いずれの金融機関も，その資金の調達・投資（運用）の過程でさまざまなリスクを抱え込む可能性を帯びています．そのリスクを完全に避けることはできず，万が一にもリスクが顕現化したら損失をこうむる，すなわち決算

> **Box 17**　　　　　　　　　ヘルシュタット・リスク
>
> 　旧西独の大手銀行ヘルシュタット銀行は，為替投機に失敗して巨額の赤字が判明し，1974年6月26日に西ドイツの銀行監督当局から営業停止処分を受けました．
> 　この時，ヘルシュタット銀行と外国為替の売買取引を約束していたあるアメリカ系銀行は，先にフランクフルト市場でヘルシュタット銀行に西独マルクを支払いましたが，その直後に営業停止となったため，支払った西ドイツの対価となるドルを後でニューヨーク市場において受け取ることができなくなり，このアメリカ系銀行は巨額の損失を被りました．時差の関係で，両国通貨の受け渡しの実行には常に時間的なずれが生じますが，不幸なことにその間に取引相手が倒産してしまい，対価を取りはぐねてしまったのです．
> 　このように，経済取引においては，ある財・サービスの受け渡しとその対価の受け渡し（決済）を同時に行うことができないことに起因して損失を被るリスクが存在します．とくに外国為替売買取引は時差がかなり影響してこの取りはぐれのリスクが大きく，主として外国為替売買に伴う決済リスクは，この時以降ヘルシュタット・リスクと呼ばれるようになりました．
> 　また，この事件は金融機関の自己資本力の必要性を各国銀行監督当局に改めて印象づけることとなり，金融機関に対する国際的な自己資本比率規制（バーゼル規制）に向けた議論の発火点ともなりました．

において赤字を計上することとなります．ここで「リスク」とは，損失をこうむる（決算において赤字を計上する）可能性がある状態，あるいはそのような状態になる可能性の大きさを指します．

　金融機関がその経営遂行の過程で抱え込む可能性があるリスクを見ると，**表17-1**のように整理することができるでしょう．金融機関は，常に多くのリスクを抱え込む可能性があり，うっかりするとすぐに何らかのリスクが顕現化してしまいます．また，これらのリスクは単発的に生じる場合もありますが，あるリスクが他のリスクを誘発することもあります．このような意味で，金融機関の経営体質は基本的に非常に脆弱であると言わざるを得ません．

　そして，大きなリスクが顕現化すると，損失（赤字）も大きくなり，そうなるとその金融機関は預金者，他の金融機関からの信用を失い，場合によっては預金が流出し必要な資金の調達ができなくなります．金融機関は短期（1年以内）で資金を調達し，それを長期（1年以上）で運用する場合が多く（そのほうがより大きな利鞘が生じて利益を得られます），その場合には調達期限は運用期限

に比べて早く到達します．調達期限が来ても金融機関は引き続き運用が続いているので，何としてでも資金を調達しなければなりません．しかし，問題がある金融機関では調達が困難化し，調達コスト（資金借入金利）が上昇します．この調達コスト上昇分が流動性リスクにあたり，どんなに高い調達コストを支払っても資金が調達できない場合には経営破綻（営業停止）に至る可能性が高くなります．

2 金融機関の倒産とその波及・連鎖の防止の必要性

(1) 金融機関の経営破綻の連鎖

このように，金融機関は常に多くのリスクにさらされており，あるひとつの金融機関が経営不振に陥り，大幅な赤字を計上し最終的に破綻に至ると，他の金融機関へ支払いが滞り，それは他の金融機関への不信の連鎖反応を引き起こし，預金取り付けの動きを生じさせる，といったように波及する可能性が生じます．図17-1に示すように，金融機関Aの支払い不能を放っておくと，他の金融機関（B，C，D……）に支払い不能が波及していくのです．

(2) プルーデンス政策の必要性

金融機関は決済システムの中で，他の金融機関との間で資金の支払い・受け取りの関係が網の目のようにつながっています．したがって，1つの金融機関の支払い不能，経営破綻は，他の金融機関の支払い不能，経営破綻を呼び起こす可能性が高いのです．この点が，金融機関と他の事業法人との決定的な違いです．例えばある自動車メーカーAの倒産が，他の自動車メーカーB，Cなどの倒産を呼び起こす可能性は極めて低く，むしろAの倒産はBやCの販売増大をもたらす可能性さえあります．

本章の冒頭でも触れたように，中央銀行が行う金融政策は，民間金融機関を通じて（民間金融機関が預ける中央銀行当座預金口座の残高を変化させて）行っています．支払い不能，経営破綻の金融機関が出現すると，民間金融機関全体の機能が低下し，それは当座預金口座を通じた金融政策の波及経路の機能を著しく低下させますので，そうした事態は中央銀行としては非常に困るのです．

また，金融機関の支払い不能は，金融機関だけではなく，他の事業法人にも多大な影響を及ぼします．金融機関の経営破綻は，貸出力の低下，預金支払い

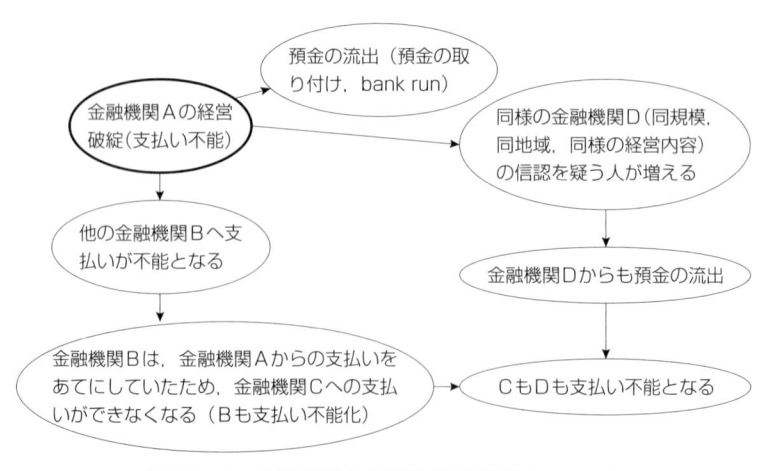

図 17-1　金融機関の経営破綻の連鎖（イメージ）

- 金融機関Aの経営破綻（支払い不能）
  - 預金の流出（預金の取り付け, bank run）
  - 同様の金融機関D（同規模，同地域，同様の経営内容）の信認を疑う人が増える
    - 金融機関Dからも預金の流出
  - 他の金融機関Bへ支払いが不能となる
    - 金融機関Bは，金融機関Aからの支払いをあてにしていたため，金融機関Cへの支払いができなくなる（Bも支払い不能化）
    - CもDも支払い不能となる

（出所）著者作成.

表 17-2　プルーデンス政策の類型

	実施主体	
	公的当局	民間部門
事前的措置	① 競争制限的規制 ② バランス・シート規制 ③ 金融機関への検査・考査 ④ 早期是正措置 ⑤ 公的資金の注入	① 市場によるチェック ② 業界の自主規制
事後的措置	① 中央銀行貸出（LLR） ② 預金保険 ③ 公的当局による救済 　・破綻処理 　・公的資金の注入 　・他の金融機関との経営統合，等	① 業界の相互援助制度

（出所）熊倉修一『日本銀行のプルーデンス政策と金融機関経営』（白桃書房，2008年），p.191から作成.

の不能化，資金送金の不能化といった事態を通じて，他の事業法人の経営倒産をも呼び起こす可能性があり，ひいてはその国の経済全般に悪影響を及ぼし，経済成長を阻害します．こうした点も中央銀行としては看過できません．

そこに，金融機関が自らの経営の健全性を維持することの必要性と，金融機関にそうした努力を強いる政策（プルーデンス政策，prudential policy）の必要性が生じるのです．すなわち，① 金融機関が支払い不能，経営破綻といった状

況に陥らないように事前の回避策を採らせる，しかしながら②それでも不幸にしてある金融機関が支払い不能，経営破綻に陥ってしまった場合には，その事態が他の金融機関に連鎖波及しないようにする，という一連の対策を講ずる必要があるのです．

プルーデンス政策は，その政策の実施主体（公的当局が行うのか，民間金融機関自体あるいはその業態全体が行うのか），政策実施の時期（ある金融機関の支払い不能・経営破綻が生じる前に講じるのか，生じてしまった後に講じるのか），によって分類され，具体的には表17-2のように整理することができます．政策実施主体については，実質的にその効果が大きいのは公的当局（政府，中央銀行）が行う政策ですので，本章ではそれに限って説明します．

3 金融機関のプルーデンス政策
―――事前的措置―――

(1) 競争制限的規制

事前的措置とは，金融機関がリスクにさらされ経営が不安定になる前に，適切な対策を採って経営破綻などの事態に陥ることを未然に防ごうというものです．

競争制限的規制はその典型的な措置と言えましょう．これはすべての金融機関に常に利益を保証する代わりに金融機関同士の競争を制限し，それによって，支払い不能，経営破綻に至る金融機関の発生を未然に防ぐという考え方です．いわば，金融機関をリスクから遮断してしまおう，というものです．

日本では，高度経済成長期以降に採用され，高度成長による恩恵をすべての金融機関に等しく分配することができた時代にはそれなりの効力が発揮されました．高度成長期には，大きな損失を被る金融機関が出てこないように，逆に特定の金融機関が突出して大きな利益を得ることもないように，金融機関の行うあらゆる業務に一定の規制が課せられ，その業務の枠からはみ出る勝手な行為は許されませんでした．その代わり，新規に金融界に参入することも認められませんでしたので，金融業務による利益は既存の金融機関だけで分かち合うことが可能でした．最も能力の低い金融機関でも対応できる金融商品（預金，貸出）の取り扱いしか認められませんでした．このことから，この規制方式は，戦争中に最も船速が遅い船に合わせて輸送船団が組まれていたことに似ている

として，護送船団方式と言われました．

　このシステムが採用されたことから，そうした規制を課す金融当局（大蔵省，日銀）は非常に強い権限をもって監督に当たっていました．この規制下に置かれた日本では，すべての金融機関の経営が安定し，1990年代の金融危機期に至るまで，実質的に経営破綻に至った金融機関は出現しませんでした（破綻の懸念が生じた金融機関については，他の金融機関との経営統合などを通じて実際には破綻は回避されました）．

　しかし，1970年代に入り低成長経済に移行し，アメリカの要求も重なって金融の自由化が進み始めると，すべての金融機関が得られる利益の大きさ，利益の増大率が縮小し始めます．より高い能力をもつ金融機関の不満が高まり，競争制限的規制は次第に緩和されざるを得なくなりました．しかし，逆に競争にさらされる度合いが強まるとともに，金融機関がリスクに直面する確率も高まっていきました．

(2) バランス・シート規制と金融機関の検査・考査

　競争制限的の規制に代わって，1980年代以降に登場したのがバランス・シート規制の考え方です．これは，競争制限的規制とは全く逆に金融機関の業務を原則として自由化し，自由な競争の結果，金融機関の能力次第で利益を確保できるようにしますが，その一方で，業務の内容に一定の比率規制を課することで，金融機関が過大なリスクを抱えないように規制しようとするものです．

　バランス・シート規制は，具体的には金融機関が保有できる資産の内容，その金額などを一定の金額や比率以下に抑えることです[1]．その代表例が，後述する，自行が保有する自己資本の大きさの一定倍数の規模までしか資産を保有できないとする自己資本比率規制です．課せられた比率規制を遵守できれば，不良資産などが増えてその処理によって損失を余儀なくされる度合いも低下するという考え方で，金融機関がリスクを抱えることを未然に防ぐ事前的措置の有効な手段としてみなされるようになりました．

　バランス・シート規制下では，通常は自由な経営を行うことができますが，課せられた比率規制を金融機関が守っているかどうかという点が重要になってきますので，しかるべき機関がそのチェックを行う必要が生じます．日本では，政府による検査（金融庁による金融検査），中央銀行による考査（日銀考査）が一定期間の間隔で実施されて，金融機関による経営内容のチェックが行われてい

ます．そこでは，規制に抵触していないかどうか，今は抵触していなくとも将来的にその懸念があるかどうか，などをチェックし，必要に応じて金融機関に是正を求めます．

金融庁検査と日銀考査はおおむね２，３年に一回毎に実施されています（その結果，金融機関にとっては，だいたい毎年交互に金融庁と日銀の検査・考査を受けることとなります）．検査・考査ともに第２次世界大戦以前にその起源を有し，競争制限的規制の時代においても実施されていましたが，バランス・シート規制が重視されるようになって，立ち入り調査を含めて金融機関の経営内容を調査し，バランス・シート規制を順守しているかどうかを確認する手段として，一段と重要な意味をもつようになっています．

(3) 早期是正措置と公的資金の注入

事前的措置としてバランス・シート規制の延長線上にあり，同じく有効な措置と考えられているのが，金融機関による保有資産の自己査定です．日本では，1998年の金融危機以降，金融機関は決算期ごとにみずからの資産の内容をみずからチェックする自己査定を行い，不良資産の発生の有無やその大きさなど資産内容の健全性を確認する作業が義務付けられています．第12章で説明したように，金融機関は不良資産が発生すると会計処理（引当金計上ないし償却）を強いられ，その結果自己資本額が減少します．したがって，その会計処理が行われた後でも自己資本比率規制が守られているか（一定額以上の自己資本額を確保できているか）どうかは，是非とも確認されねばならない重要なポイントです．金融機関が毎決算期末にこの自己査定を的確に実施しているかどうかは，前述の検査・考査の際にも重要なポイントとなるのです．

自己査定作業の結果で，資産の大きさに比して自己資本が不足し比率規制を遵守できない，あるいはそうした恐れが強まっていることが判明したら，不良債権の処理能力が低下しているわけですから，何らかの対策を採らねばなりません．自己資本比率の低下が公になるとその金融機関への信認度が低下し，預金の流出にも見舞われる可能性があり，経営破綻に至る場合もあります．したがって，そうした事態に至る前に，自己資本の不足度合いに応じて，是正措置がとられることとなっています．これが早期是正措置です（表17-3を参照）．

早期是正措置では，自己資本の不足度合いが軽い場合には，金融機関は監督当局（金融庁）から貸出抑制など，業務内容の改善，業務内容の一部制限を命

表 17 - 3 早期是正措置

	国際統一基準行	国内基準行	早期是正措置の内容
最低自己資本の比率	8％	4％	
発動の基準となる自己資本比率	8％未満	4％未満	経営改善計画の提出とその実施
	4％未満	2％未満	個別措置の命令（増資，資産の圧縮，店舗の統廃合，海外業務の縮小など）
	0％未満	0％未満	業務停止命令（全部または一部）

(出所)　金融庁ホームページなどから作成．

じられるとともに，自力での自己資本増強（増資）も求められます．一方，自己資本の不足度合いが大きい場合には経営継続が容易ではなくなりますので，業務停止の処分などがなされる可能性があります．自力での自己資本増強が難しいと判断される場合には，政府による公的資金の注入（金融機関は新たな株式の発行を強制させられ，それを政府が購入し政府が大株主となり，事実上の経営権を握ることとなります）が行われることがあります．その場合には，政府という大株主の下で事実上の経営再建を図ることとなります．

4　金融機関のプルーデンス政策
―― 事後的措置 ――

(1)　中央銀行貸出：LLR

バランス・シート規制や早期是正措置などの事前的措置が充実してきたことによって，金融機関の経営破綻，支払い不能化といった事態はかなり未然に防止されるようになりました．しかし，それでも不幸にして危機的な状況に陥った金融機関が出現したらどうするか，とくに，危機的な事態が他の金融機関に波及しない措置を迅速にとることは大変重要な課題です．そうした事態に対応するのが事後的措置であり，具体的には，まず中央銀行が最後の貸し手機能を発揮して破綻金融機関に対して臨時の貸出を行い支払い不能の拡散を防ぐとともに，預金保険を発動して預金流失の動きを押さえ，最終的には公的当局が救済を図ることによって事態の収拾を図る，という段取りが考えられます．

すなわち，問題が生じた金融機関からは，預金が流出し始めますし，そのような金融機関は他の金融機関からの借り入れも事実上不可能となります．そうなると，その金融機関は他の金融機関や企業，個人への支払い（資金決済）が

できなくなり，経営が破綻します．また同時に，他の金融機関も支払い不能化に追い込まれる可能性が出てきます．したがって，問題金融機関に対しては，他の金融機関への連鎖を防ぐために，中央銀行が緊急の特別融資を行いその資金繰りを助け，支払い不能とならないようにする必要が出てくるのです．これが，中央銀行の最後の貸し手機能（lender of last resort: LLR）と呼ばれる行為です．LLRによる貸出は利子を徴求し貸出期限があります（ただし必要に応じて継続できる）が，無担保貸出であり，必要であれば中央銀行は無制限に融資に応じるものです．中央銀行なので直ちに必要な金額の貸出が可能であるなど，機動的に対応できるメリットがあります．問題金融機関が生じた直後の対応策としては極めて有効な手段です．日本では，90年代後半の金融危機期に多くの金融機関の破綻が生じた際に，日銀によるLLR（日銀特別融資）が実施されました．ただし，これはあくまでも後述するような財政資金による公的救済までのつなぎの措置であり，これを多発かつ長期にわたり実施することは好ましいものではありません．

(2) 預金保険

問題が生じた金融機関から預金が流出するのは，預金者が自らの預金の保全を図るためであり，他の金融機関においても預金流出の連鎖反応が生じるのも同様の預金者心理によるものです．したがって，仮に金融機関の経営に問題が生じても，自分の預金が保全されることが確信されれば，預金者はあえて預金を引き出す必要はなくなります．このことから，金融機関が経営破綻に至っても，一定額以内の預金は保護されるとすれば預金者は安心して預金を預入し続け，他の金融機関にも預金取り付けが波及しない，との考えによって設けられたのが預金保険制度です．

現在の日本の預金保険制度では，決済性預金（当座預金など）は全額が保護され，一般預金（普通預金，定期預金など）は，預金者一人あたり1000万円までの元本とそれに付く利子が保護されています．金融機関は自らの経営倒産，預金払い戻し不能化に備えて，預金保険に加入を義務付けられており，問題が生じた時にはこの保険の保険料の積立金から預金者に支払われます（現在の預金保険料率は，決済性預金では0.107%，一般預金では0.081%となっています）．これにより，金融機関は預金を集めることにより所要の資金（流動性）は確保されますが，集めれば集めるほど同時に前記の比率のコストが増大することとなりま

す.

ただし,日本では,預金保険による預金払い戻し(これはペイオフと言われます)は,これまでのところ2010年9月に経営破綻した日本振興銀行に適用されたのが唯一の事例です.それ以外の金融機関の破綻のケースでは,公的資金の注入や他の金融機関との経営統合などで問題発生を防いできたのが実態です.

(3) 公的当局による救済

中央銀行による LLR の実施(さらに,日本では実施事例が少ないですが,預金保険によるペイオフ)によって,問題金融機関発生に伴う金融界の動揺をとりあえず鎮めることができたとしても,それは暫定的な措置に過ぎず,その後には常に,その問題金融機関をどのように処理するか,あるいは再建するか,という問題が残されます.

その場合に考えられる手段は次の3つです.第1は,その金融機関を清算させることです.実際には金融機関の公的な位置づけを踏まえると,このような手段に訴えることができる余地は少ないのですが,金融機関として再生する可能性をどうしても見つけることができない場合には清算させるしかありません.前記の日本振興銀行(2010年9月)の例がこれに当たり,預金保険による預金払い戻しが行われたのもそのためです.

第2に,問題金融機関に公的資金を注入して,その金融機関の経営を再建することです.問題金融機関の多くは自己資本が不足する事態に陥りますが,公的資金を注入することにより自己資本力を回復できれば,金融機関として再生することが可能です.

日本では,預金保険機構を通じて財政資金(税金)が投入され,その金融機関の株式を取得することにより(預金保険機構が大株主となる),その金融機関は自己資本力を回復できます.不良債権が残っている場合には,この公的資金によって不良債権を償却し資産内容を健全化することができます.不良債権が一掃され経営が再建されれば,優良金融機関として再生されますので,国(預金保険機構)はその保有株式を民間資本に売却し,当初注入した財政資金を回収できます[2]).1998年に破綻し国有化された日本長期信用銀行,日本債券信用銀行はいずれもこのような過程を経て,民間金融機関として再生されました.

第3は,他の金融機関との経営統合です.不良債権の比率が比較的軽い場合や金融機関の規模が比較的小さい場合などには,規模が大きく健全な他の金融

機関との統合が目指されることがあります．ただし，相手の金融機関が問題金融機関との経営統合を決断し易くするために，公的資金を注入して不良資産を処理し資産内容を健全化したうえで，経営統合に持ち込むことが必要になります．

　前記のような整理を通じてみると，問題を抱えた金融機関が生じた場合には，その金融機関の取り扱いについていずれの手段を講じるにしても，その金融機関の不良債権を除去せねばならず，そのためには最終的には公的資金の注入が避けられないということが理解されるかと思います．金融機関は民間の事業法人であり，その再建などに公的資金（税金）を使うことは素直には理解されず，日本でも90年代の金融危機への対応策を講じるに当たり巨額の公的資金を投入することに強い批判が寄せられました．しかし，問題を生じた個々の金融機関を救うというよりも，他の金融機関への波及を回避し，円滑な決済システム機能を確保するためには，やむを得ない措置であることを理解する必要があります．

　なお，以上のような一連の事後的措置はセーフティ・ネット（safety net）とも言われています．セーフティ・ネットは，どうしてもやむを得ない措置ですが，その一方で，これが充実すると，金融機関の経営者は「最後は金融当局が何とか救ってくれるだろう」として経営健全化への努力を怠りますし，預金者も「預金保険があるので安心」として預金先金融機関の経営内容に注意を向けることを怠りがちとなるモラル・ハザード（moral hazard）が生じます．また，大規模な金融機関についてはそれが倒産した場合の影響が大きすぎるので，公的当局も何としてでも救済しようとする（大きすぎてつぶせない：too big to fail）だろうとの思いを関係者がもつことから，それが返って経営の健全化を怠る要因となることもあります．これもモラル・ハザードの一種です．

　ただし逆に，too big to fail と思われていた大きな金融機関が救済されなかった場合には，金融市場には非常に大きなインパクトを与えます．2008年9月のアメリカ大手投資銀行リーマン・ブラザーズ社の倒産がそれで，これをきっかけに世界的な金融危機が生じてしまいました．このように，モラル・ハザードを回避しつつセーフティ・ネットをどのように整備するのかは，大変悩ましい問題です．

5 自己資本比率規制

(1) 自己資本比率規制の意義

バランス・シート規制の中でも，日本のみならず世界中の金融機関の経営を現在最も強く規制しているのが自己資本比率規制（capital adequacy）です．この規制は，主要国の銀行監督当局・中央銀行のメンバーによって構成されているバーゼル銀行監督委員会が作成したもので，同委員会は国際決済銀行（BIS: Bank for International Settlements, 本部はスイスのバーゼル）で開催されることが多いので，BIS 規制あるいはバーゼル規制とも言われています．

自己資本比率規制とは，下記の不等式が示すように，金融機関に対して，自らの資産に比して8％以上の自己資本を保有することを求めるものです．逆に言えば，自己資本の大きさの12.5倍までしか資産を保有してはならない，という規制でもあります．

$$自己資本／資産 \geq 8\%$$

ただし，ここでの自己資本とは，資本金，内部留保など自己（自社）の都合により処分可能な金額を指し，これは不良資産の引当てや償却などの会計処理に用いられて減少しても差し支えない資金です．

一方，この不等式での資産とは，表面的な総資産額ではなく，リスクを帯びた資産という概念が用いられます．具体的には，下記のように表面的な資産額に一定のリスク・ウエイトをかけて算出されたリスク資産額の合計です．

民間企業への貸出（金額100）のリスク・ウエイトは100％
　　　　　　　　　　　　　　　　……リスク資産額は100
公的部門への貸出（金額100）のリスク・ウエイトは0％
　　　　　　　　　　　　　　　　……リスク資産額は0
個人への住宅ローン（金額100）のリスク・ウエイトは50％
　　　　　　　　　　　　　　　　……リスク資産額は50

この結果，名目の総資産額300のリスク資産総額は150（＝100＋0＋50）

リスク・ウエイトは資産項目ごとに詳細に定められており，また，そのウエイトが果たして適切であるかどうか，という議論が常に起きていますが[3]，いず

れにしても，金融機関は，このようにして算出される自己資本額とリスク資産額との関係を維持することを強く求められています．そして，資産の規模に比して自己資本がより大きいほうが不良資産の処理能力がより大きいとして，その金融機関の経営は安定していると見做されるのです．

(2) 自己資本比率規制の効果

　自己資本比率規制の下では，経営の安定を確保するために，金融機関はより高い自己資本比率を求められています．しかし，自己資本比率に関する前記の不等式において，自己資本額を増やすのは実際には容易ではありません．Box 13 で説明したように，自己資本は内部留保と資本金で形成されていますが，このうち内部留保は過去の利益の蓄積であり，これを直ちに増やすことはできません．毎決算期において増益を重ねて地道に蓄積していくしかありません．一方，増資による資本金の増大もすぐにはできません．増資に応じてくれる余裕資金を持っている人や企業を探すのは容易ではないのです．

　そこで，金融機関は残された手段として，不等式の分母であるリスク資産額を減らそうと図ります．つまり金融機関には，名目の資産額を減らすとともに，同じ資産保有額でもよりリスク・ウエイトが少ない資産を保有する，という圧力がかかるわけです．その結果として，

　　① 金融機関が過度に資産を保有することを制限することができ，そうすれば仮に不良債権が生じても過大にはならず，金融機関の経営の健全性を脅かす要因を減らすことができる，
　　② 自己資本比率規制が国際的に統一されることにより，自己資本比率規制が緩い特定の国の金融機関が突出して資産（貸出）を増やし国際金融界での貸出シェアを高めるといった現象を抑えることができる．すなわち，金融機関の国際的な競争条件の公平化（level playing field）を達成できる，

といった効果が期待されるのです．

(3) 自己資本比率規制の景気増幅効果

　しかし，このように自己資本比率規制は，金融機関のリスク回避手段としては一定の効果がありますが，その一方で景気の増幅効果をもたらすとの批判も

```
景気が悪い → 企業の生産・販売が落ちる → 回収不能の貸出（不良債権）が増える
                ↓
         金融機関のリスク資産が増える
                ↓
自己資本比率    不良債権の償却が増え，金融機関の
が低下する  ←  自己資本が減る
    ↓
         自己資本比率8％以上を維持するために，
         金融機関は貸出を抑制しようとする
                ↓
さらに一層景気が悪くなる ← 企業は必要な資金を得られず，企業活動
                           （設備投資，増産）ができない
```

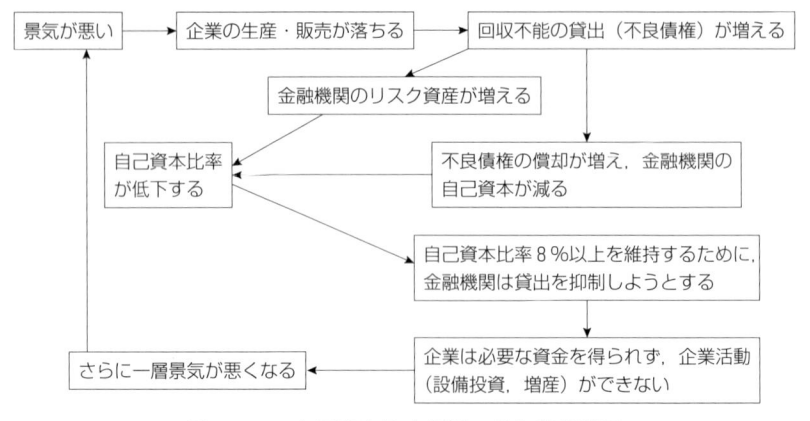

図17-2　自己資本比率規制の景気増幅効果

(出所)　著者作成.

聞かれます．すなわち，景気が悪い時には金融機関のリスク資産が増える可能性が強まりますので，自己資本比率規制を達成するために金融機関は融資を削減することに努めることとなり，その結果，経済情勢は一段と悪化するとの指摘です．つまり自己資本比率規制は，図17-2で示されるようなルートを辿って金融機関の融資機能を鈍らせ，悪化した景気をさらに悪化させかねないのです．

(4)　自己資本比率規制の強化

　自己資本比率規制がもたらすこうした景気増幅効果については否定できないものの，金融機関の経営の健全性を維持するためには，やはり同規制はどうしても必要であるとの声が強いのも事実です．とくに，2007年以降の世界的な金融危機によって，リーマン・ブラザーズのような巨大金融機関さえも容易に破綻する事例が出現したことを踏まえて，現在，自己資本比率規制を一層強化する方向で議論が進んでいます（Box 18を参照）．その内容は，緊急時に使用できる真に重要な自己資本を限定し，その増大を金融機関に求めるとともに，国際的な営業活動を希望する大規模金融機関に対しては，自己資本の充実，強化をとくに強く求めるというものです．自己資本比率に関する規制のあり方については，今後も大きな議論が呼び起こされることが予想されます．

注
1） その代わり，この制限さえ守れれば，金融機関自身の判断によって自由な業務活動が認められます．
2） 売出し株価が高まれば注入金額以上の金額で売却でき，その場合には国は利益を得ることができます．
3） 民間部門向け信用供与のリスク・ウエイトが高目に設定されている一方，国債など公的部門向けのウエイトはゼロないし低目に設定されています．日本の金融機関の場合，このことが大量の国債保有の背景の1つとなっています．ただし，各国とも多額の国債残高を抱えている実態を踏まえると，公的部門向け与信の信用リスクが果たして本当にゼロでよいのかどうかは今後議論が生じる可能性があります．

Box 18　自己資本比率規制の歴史とその内容

金融機関に対する国際的な自己資本比率規制（バーゼル規制）は，さまざまな変遷を経て現在に至っており，金融情勢の影響を受けてその内容も変化していますし，これからも変化していくことが考えられます．

バーゼルⅠ

自己資本比率に関する最初の国際的な規制（バーゼルⅠ）は，1988年7月にバーゼル銀行監督委員会（バーゼル委員会）が公表した『自己資本の測定と基準に関する国際的統一化』です．これは，国際的な活動をしている銀行に対して，信用リスクを加味して算出されたリスク資産総額の8％以上の自己資本の保有を求めました．

ただし，自己資本については，①銀行が保有する株式の含み益の45％までの算入を認める，②中核的な自己資本である Tier 1 とその他の自己資本 Tier 2 の合計とする（Tier 2 に含めることができる自己資本は Tier 1 の額まで），といった緩和規定が盛り込まれました．

日本の金融機関には1988年度決算から移行措置が適用され，92年度決算から本格適用されました．

なお，1996年1月には，市場リスクを加味したリスク資産が追加されました．

バーゼルⅡ

2004年6月，バーゼル委員会は，銀行のリスク資産額をより精緻に計測する方向の枠組み（バーゼルⅡ：『自己資本の測定と基準に関する国際的統一化：改訂された枠組み』）を公表しました．ここでは，自己資本の内容，自己資本比率についてはバーゼルⅠと変わりませんが，オペレーショナルリスクを加味したリスク資産が追加されました．日本の金融機関には，2006年度決算から適用されています．

バーゼルⅢ

2007年から2008年にかけて発生した世界的な金融経済危機（いわゆるリーマン・ショック）は，銀行監督面での問題にも起因しているとの反省から，バーゼル委員会は銀行の自己資本の質の向上，リスク管理の強化を目指して，バーゼルⅡの改訂作業を進め，2011年1月に基本的な改訂案（『バーゼルⅢ：より強靱な銀行および銀行システムのための世界的な規制の枠組み』）を公表しました．

この改訂案は，普通株式や内部留保など質の高い自己資本を中核的自己資本（Tier 1）とし，2013年度決算から段階的に導入され，最終的に2019年度決算からはリスク資産の7％以上の中核的自己資本を保有することを求めるものとなっています．

とくに，国際金融システムの安定に重要な影響を及ぼす可能性がある巨大金融機関（G-SIFIs: Global Systemically Important Financial Institutions）に対しては2015年度決算から段階的に，7％にさらに1-2.5％ポイントの自己資本上乗せを求めています．このG-SIFIsの対象になるのはアメリカ系8社，ヨーロッパ系16社，アジア系4社の計28社で，そのうちアジア系4社は，日本3社（三菱UFJ，みずほ，三井住友の各フィナンシャル・グループ）と中国1社（Bank of China）です．

第18章　世界的金融危機と中央銀行の対応

1　世界的な金融危機の発生

(1)　アメリカのサブプライム・ローン

2008年9月に生じたアメリカの大手投資銀行リーマン・ブラザーズの倒産を契機に，世界的な金融危機が発生し，欧米を中心とする金融界は非常に苦しんだうえ，世界経済はいまだにその後遺症から完全には抜け出せないでいます．

この金融危機の発端は，アメリカにおいて2000年代に入ってから不動産（土地，住宅）の価格上昇が見られ，それを背景に金融機関から巨額のサブプライム・ローンが供与されたことです．アメリカにおけるサブプライム・ローン（sub-prime loans）とは，低所得者層やこれまで債務不履行の経歴がある者など，信用度が低い者へ供与される住宅ローンです．信用度の低い借り手でも，担保とされた不動産の価格が借り入れ後に上昇すれば，その担保価値も増大し，その分だけ借り手はさらに借り増すことが可能となります．

このようにアメリカの金融機関は，2000年代に入ってから見られた住宅価格の上昇を背景に，住宅を担保にとったうえで，返済能力が高くない層にも積極的に巨額の住宅担保ローンを実施したのでした．とくに，借り入れてから最初の2-3年間は元本，あるいは利子分も含めて返済を免除される場合が多く，借り入れを繰り返せば結果的に返済開始を先送りでき，かつ余裕資金を消費に充てることも可能でしたので，こうした層の消費がアメリカの個人消費全体を支える大きな柱となっていました．

(2)　住宅ローン債権の証券化と世界中への拡散

住宅担保ローンを実施した金融機関はその貸出債権を証券にして（これを債権の証券化 securitization と言います），その証券を第三者に売却します．初めに

住宅担保ローンを実行した金融機関はその売却代金を得て，さらに新たな住宅担保ローンを実施できるので（既存の債権を売却して代金を入手することから債権の流動化 liquidation とも言われます），この仕組みによって金融機関にはサブプライム・ローンを含む住宅担保ローン債権が蓄積されていきました．さらに，その第三者が購入した住宅ローン担保証券については，優良債権（prime loans），非優良債権（sub-prime loans）を問わず多くの小口住宅担保ローン債権を一緒にして大口化された証券が作成され，これが転売されていきました．こうした債権証券は，信用度の低いサブプライム・ローンが含まれていても，他の優良ローン債権と混在することによってその低い信用リスクは薄められ，また，そもそも不動産価格が上昇する中にあってはその信用度の劣位度合いが隠されてしまい，全体としては高い格付けが与えられましたので，多くの機関投資家が積極的にこれを購入していきました．

こうして組成された住宅ローン担保証券を担保にした2次，3次の債権担保証券は格付けの高い優良な金融資産と見なされ，アメリカ国外の金融機関にも幅広く購入されていきました．不動産価格の上昇（バブル）が続いている限り，前記のような証券化債権の取引ビジネスは，サブプライム・ローンの債務者を含めすべての関係者が利益を得られる，極めて優れた取引であったと言えましょう．

(3) 不動産バブルの崩壊と金融危機の発生

しかし，2007年夏頃からアメリカ国内の不動産価格が下落に転ずると，逆向きの回転が始まりました．すなわち，不動産価格が下がり，その不動産の担保価値も下がると，借り換えができずローンの返済ができない人が続出しました．もともとサブプライム・ローンの借入人の多くは所得から返済していたわけではないので，借り換えができなくなると当初のローンの返済がたちどころに滞り始めます．

こうなると，担保不動産の処分（投げ売り）が始まり，不動産価格はさらに下がる，という悪循環に入り，バブルは一気に崩壊過程を辿り始めます．さらに，不動産価格の下落につれて，住宅ローン担保証券やその2次，3次債権担保証券の価格も一斉に低下し始め，そうした証券を保有する金融機関等の損失が拡大し始めました．

こうした証券化債権は，アメリカのみならず，ヨーロッパ（ドイツ，フランス

など）の金融機関も大量に保有していましたので，いずれも大きな損失を出し，経営体力（自己資本力）が減少していきました．既述のように，経営体力が損なわれると金融機関は信用を失い，預金の流出や他の金融機関からの信用供与（融資）を受けられなくなりますので，いずれの金融機関も自らを守る態勢に入り，貸出を一斉に回避する信用収縮を伴う金融危機の状態に突入していきました．

アメリカの金融機関は，住宅ローン証券化債権を多額に保有していた大手投資銀行を中心に壊滅的な打撃を受けました．2008年9月には大手投資銀行リーマン・ブラザーズが倒産したほか，他の金融機関との経営統合を余儀なくされる大手金融機関が続出し，問題の根深さが大きくクローズ・アップされました．また，金融市場のみならず実体経済も大きく落ち込み，失業者が続出し，現在に至るまで雇用不安（高い失業率）でアメリカ経済は悩んでいます．今次世界金融危機がリーマン・ショックと言われるのも，このリーマン・ブラザーズの倒産がアメリカと世界の金融経済に与えた激震があまりにも大きかったことを物語っています．

ヨーロッパでも，信用不安が伝えられたイギリスのノーザンロック銀行で預金取り付けが起こり，同行は最終的に国有化されましたし，大手銀行のロイヤル・バンク・オブ・スコットランドには公的資金が注入されました．このほか，ドイツ，フランス，スイスなどでも，多くの大手民間銀行に公的資金が投入されました．また，ヨーロッパではこうしたリーマン・ショックへの対応を通じて各国の財政状況の悪化が浮き彫りにされ，2010年春以降，とくにポルトガル，イタリア，アイルランド，ギリシャ，スペインといった諸国（これをPIIGS諸国と言います）の大幅な財政赤字とその財政規律回復の可能性如何に焦点が当たったことから，ユーロ危機が発生しました（ユーロ危機については第4節を参照して下さい）．

さらに日本では，金融機関がアメリカの住宅ローン証券化債権を保有することに伴う直接的な損失は大きくはありませんでしたが，欧米経済の落ち込みの影響をもろに被り，輸出の急激な減少などから2008年後半からマイナス成長となるなど，先進国の中で最大の景気後退を経験することとなりました．これ以降の日本経済は，さらに2011年の東日本大震災の発生も重なって，いわゆるデフレ経済と称される経済低迷から脱却できずにいるのです．

2　金融危機発生の基本的な背景

不動産バブルを背景としてアメリカで発生したサブプライム・ローンの問題が，これほどの世界的な金融危機に発展したのはなぜでしょうか．これについては，現在でも多くの議論が続いていますが，その背景として次の3点を挙げることができるでしょう．

第1に，新しい金融技術の発展によって，付随するリスクを的確に把握できない金融商品が誕生したことでしょう．当初の貸出債権（住宅担保ローン）を証券化（流動化）するという新しい金融技術によって，さまざまなリスクを抱えた金融商品が生み出され，そしてそれが混然として別の金融商品として組成され，最終的にはリスクの所在が不透明となった金融商品が生み出されたのです．この結果，大手投資銀行など，最先進のリスク管理技術をもっており本来ならばリスクの所在を鋭敏にかぎ分けることができるはずの先進金融機関でも，リスクを見抜けず大きな損失を余儀なくされてしまったのです．

第2に，第1の背景と同様にリスク管理の問題に帰着するのかもしれませんが，サブプライム・ローンの証券化商品に限らず，各種の金融派生商品の取引が増大したことによって，リスクが顕現化した時に保有金融機関が被る損失額が，レバレッジが効いて異常に巨額になることです．これは，リスクが顕現化しない時には莫大な利益が与えられるので，収益を追求する金融機関としてはついつい積極的にその保有を考えがちになりますが，その裏返しとして，取り返しのつかない損失を負う可能性があることが理解される必要があるでしょう．

第3に，金融取引のグローバル化が急速に進展してきたことから，アメリカの金融機関のみならず，世界中の金融機関（今回はとくにヨーロッパの金融機関に集中しました）が前記のようなリスクを内包した金融商品を保有することとなり，その結果，損失を被った金融機関も世界的に拡大してしまったのです．

こうした基本的な背景があることが認識されるにつれて，金融機関はどの程度の範囲の金融商品を取り扱い，保有するべきか，そのリスクをどのように把握することができるか，といった点を巡って，前章で説明した自己資本比率規制に関する国際的統一（バーゼルIII）に関する議論が進められているほか，アメリカでは預金取り扱い金融機関について自己勘定ディーリングなどを認めない規制を課す方向で銀行監督規制制度の改革が進められています．

3 各国中央銀行の対応策とその考え方

　世界的な金融危機の発生に対して，日本や欧米主要国の金融当局（政府，中央銀行）は，動揺する金融システムを安定化させるとともに，急速に落ち込んだ経済の情勢を立て直すために，多くの対応策を一斉に採り始めました．なお，日本（日銀）の対応については，すでに第14章で触れた通りです．

(1) アメリカ

　金融危機発生の地であるアメリカは，危機が顕現化し実際にリーマン・ブラザーズの倒産のような事態に直面したことから，連邦政府，連邦準備制度（FRB）ともに，**表18-1**に整理されるようなさまざまな対策を繰り出し，金利低下を促し金融市場に巨額の資金を供給して現在に至っています．しかし，前述したように，失業率が高止まって推移し雇用不安が払拭されないなど，景気の回復ははかばかしい状況には至っていません．一方で，FRBの量的緩和政策（Quantitative Easing: QE）は事実上世界に巨額のドル資金を拡散させており，原油や穀物などの価格上昇を招き，世界的なインフレーションの背景となっているとの批判も根強く聞かれており，その狭間でFRBは悩んでいる状況です．

　なお，金融政策とは別の課題ですが，サブプライム・ローン問題やリーマン・ショックが生じた基本的な背景に金融機関の監督規制体制の問題があったとの認識が強まり，2010年7月には金融規制改革法（いわゆるDodd-Frank法）が成立しました．前述したボルカー・ルールもこの規制法の一部を構成しています．

(2) ヨーロッパ

　ヨーロッパ諸国でも，金融不安への対処策として金融機関への公的資金注入が行われたうえ，超低金利政策の実施と量的緩和政策が並行して行われています．

　まずイギリスでは，前述のようにノーザンロック銀行に対する預金取り付けを契機に発生した金融不安に対処するために，大手金融機関に対する公的資金の注入が行われたうえ，2009年3月には政策金利が0.5％にまで引き下げられ，イギリスでも事実上のゼロ金利政策に移行しました．さらに，金融機関保有国

表18-1 アメリカにおける今次金融危機への対応策

対応策	担当機関	主な内容
公的資金の注入	財務省	大手金融機関を中心に連邦政府からの公的資金の注入（総額7000億ドル）
減税	財務省	2009年2月 所得税の大幅減税（戻し税方式）
政策金利の引き下げ	FRB	政策金利（FFレート）を引き下げ 2007年9月に5.25%であったレートを2008年12月に0-0.25%へ引き下げ（事実上のゼロ金利政策） 2012年12月には、インフレ率が2.5%を超えない範囲で、失業率が6.5%程度で安定するまで事実上のゼロ金利政策を継続すると表明
長期金利の引き下げ	FRB	ツイスト・オペによる長期金利の引き下げ 2011年9月-2012年6月（さら2012年末まで延長）に残存6-10年の長期国債4000億ドルを購入、同時に3年以内の国債を同額売却 2012年12月には、ツイスト・オペ終了後も長期国債の購入を継続（毎月450億ドル）すると表明
巨額の貸出	FRB	大手投資銀行などに対する巨額の貸出実行
信用緩和	FRB	住宅ローン担保債権などリスク資産の購入
量的緩和	FRB	・2009年3月-2010年3月に長期国債3000億ドルの購入（QE1） ・2010年11月-2011年6月に長期国債6000億ドルの購入（QE2） ・2012年9月-12月に毎月400億ドルの住宅ローン担保債権（MBS）を購入（QE3）

(出所) アメリカ財務省，FRB発表プレス・リリースなどから作成。

債の買い入れによる量的緩和措置が実施されています．

　ドイツ，フランスなど大陸諸国でもサブプライム・ローン問題を契機に生じた金融不安（とくに，フランスとドイツでは，サブプライム・ローンなどをベースに組成されて不良債権化した巨額の住宅ローン債権証券を抱えた大手金融機関が続出しました）に対処するために，大手金融機関に対し公的資金が注入されました．

　この間，ヨーロッパ中央銀行（ECB）では，下記の通り，2009年以降順次金利を引き下げ同年5月には1％と最低レベルに達しましたが，2011年4月からは物価上昇への懸念が強まり一旦引き上げに転じました．しかし，その後ユーロ危機が強まり同年11月以降は再び緩和に転じ，12月には再び1％へ，さらに翌12年7月からは0.75％へと事実上のゼロ金利政策に戻りました[2]．

　2009年3月（1.5％）→ 4月（1.25％）→ 5月（1.0％）→2011年4月（1.25％）

→ 7 月（1.5％）→11月（1.25％）→12月（1.0％）→2012年 7 月（0.75％）

このゼロ金利への復帰と同時にECBでは，やはりユーロ危機への対処策として，金融機関への長期資金の無制限供給オペを開始しました．さらにECBでは，2010年 5 月から南欧諸国の国債の買い取りを開始し，2012年 3 月までに2000億ユーロ分の国債を購入しました．この買い入れはドイツ連銀の反対で 4 月以降は一旦は中止されましたが，同年 9 月に至り無制限の買い入れが再び表明されました．

なお，EUでも，リーマン・ショックに加えてユーロ危機への反省から金融監督規制体制の改革に関する議論が進み，2012年10月にはECBがユーロ圏内の銀行を一括して監督規制することでEU首脳会議が合意に達しました．

(3) 金融危機以後の中央銀行政策

このように，金融危機以降の主要国の中央銀行がとってきた政策は，大別すると以下のような諸点に整理することができましょう．

① ほとんどの国で，景気の下支えを図るために，事実上のゼロ金利か，それに近い超低金利水準へ政策金利を誘導しています．
② 信用収縮の拡大を防ぐために，金融機関が保有する国債を購入して金融機関への流動性供給を増やし，金融機関の資金繰りを支えています．
③ また，②の国債購入によって長期金利の低下を促し，それによって景気の下支え効果が発揮されることを狙っています．
④ さらに，国債のみならず，金融機関が保有する住宅担保ローン債権（FRB）や社債，投資信託（日銀の包括的緩和政策）などのリスク資産を買い取ることにより，そうした資産の価格や取引市場の維持を図ろうとしています．
⑤ このような一連の政策を実施するに当たっては，時間軸効果が発揮されるように，政策実施期間を明定しています（日銀，FRB）．

主要国の中央銀行によるこうした諸施策は，要するに，バブル崩壊後に生じた1990年代の金融機関の経営破綻の頻出や長引く不況に対処するために，日銀が先駆けて実施してきたゼロ金利政策や量的緩和政策といった非伝統的政策を，他の中央銀行でも，リーマン・ショックやユーロ危機を契機に後追いして実施

することに追い込まれたものと言ってよいでしょう．翻って言えば，東日本大震災などの不幸なアクシデントが重なったとは言え，1990年代以降の非伝統的政策の実施にもかかわらず景気低迷から脱することができない日本経済の実態を前提とすると，欧米諸国の経済回復についてもかなりの時間を要することが予感されます．

4　ユーロ危機とその背景

(1)　ユーロ危機

2010年のギリシャの財政状況の露呈（それまで公表されていた以上に大幅な財政赤字であった）などを契機に共通通貨ユーロへの信認が揺らぎ始め，為替相場の下落が続いているほか，財政赤字幅が大きい南欧諸国の国債を大量に抱える金融機関の経営が不安視されるなど，リーマン・ショックの影響に加えて，ユーロ不安は世界の金融・経済上の大きな不安定要因となってしまいました．ユーロ危機はどのようにして生じたのでしょうか，またそのような危機が生じる背景には何があるのでしょうか．

発端はギリシャです．ギリシャは，2001年以降ユーロ圏への参加によって，同国の国債への信認が高まりました．2008年以降同国政府は，リーマン・ショックによる国内経済の落ち込みを財政支出による刺激で立ち直らせることに努め，国債発行が嵩みました．この間，財政状況に関する政府統計に虚偽があったことも重なって，ギリシャ国債への信認は一気に弱まりました（国債価格の低下）．

そうなると，すでにギリシャ国債を大量に保有していたヨーロッパ域内の金融機関の資産価値が低下し，不良資産化しました．2011年10月にはベルギー・仏系のデクシア銀行が，不良資産化したギリシャ国債を大量に抱えて金融市場からの信認を失い，資金調達が困難となり経営破綻に追い込まれました．

こうした事態を眺めてヨーロッパ各地の金融機関はリスク回避姿勢を急速に強め，リスクのある資産をこれ以上増やすことを回避する，いわゆる「貸し渋り」が横行し，借入人（企業，個人）は必要な資金が得られず，各国の経済活動は停滞しました．そして，経済活動の停滞化が金融機関の資産の不良化を一層促進する，という悪循環に陥ってしまいました．さらに，経済活動の停滞に伴い税収入は一段と落ち込み，国債の一層の発行が必要となりますが，その結

果，国債価格はさらに低下していきます．この間，イタリア，スペインなどギリシャ以外の南欧諸国の国債への信認も低下傾向をたどり，2011年11月には，スペイン国債を大量に保有していたアメリカの投資会社 MF グローバル社が倒産に追い込まれました．こうしたユーロ圏内の金融・経済情勢を反映して，ユーロ通貨の為替相場は対米ドル，対円で大きく下げてきました（ユーロ安化）．

この間，EU では，2011年10月の首脳会議でギリシャ問題に関する包括的な対応策を決定しました．これは，ギリシャ政府が財政抑制をする（2014年までに財政赤字を名目 GDP の 3 ％以内におさめる）ことを前提として，① ギリシャの債務の50％削減，② 銀行の自己資本の強化（中核的自己資本比率 9 ％以上），③ 欧州金融安定基金（EFSF）の基盤強化（4400億→ 1 兆ユーロ），といった点を柱とするもので，とくに③の欧州金融安定基金（EFSF）の基盤強化は，最終的には EU 各国政府や IMF が財政資金を投入することです．しかし，そもそも前提となるギリシャ自体の財政抑制が果たして可能であるのか，という疑問が残りますし，ユーロ圏内の各国はいずれも財政難でこの資本力強化には容易には応じかねる事情があります．EU 域外のアメリカや日本も財政難で対応できません．さらには，中国やインドなども容易には応じようとはしていません．

こうした南欧諸国の財政問題に対応するために，2012年10月には欧州金融安定基金（EFSF）は欧州版 IMF とも言える欧州安定メカニズム（ESM）に改組されることが決定し，各国の財政を支える基盤が強化されました．また，ヨーロッパ中央銀行（ECB）も2012年 9 月に，ドイツ連銀の反対を押し切って南欧諸国の国債を無制限に買い入れる方針を打ち出しました（ただし，あくまでもそれら諸国の財政抑制が前提です）．

しかし，依然として，南欧諸国の財政抑制の今後の動向や，その結果としてのユーロ通貨の評価の信認回復の見通しなどについては，見通すことが容易でない状況が続いています．

(2) **ユーロ危機の背景**――**国家はどこまで通貨を統一できるのか**――

通貨ユーロは，EU の統一通貨として1999年 1 月 1 日に創設されました．2002年 1 月 1 日からは現金も流通を開始し，現在は EU 加盟国のうち17カ国が使用しています．

そもそも同じ通貨を使用する場合には，各地域の経済の質が均一（平均所得がほぼ均一であるなど，地域間で経済力の格差があまりない）であることが望まれま

す．地域間で大きな格差がある場合には，経済力の強い地域から経済力が弱い地域への援助（所得移転）が必要となります．

例えば，東西のドイツは統一後から20年以上が経った現在でもかなりの経済格差が残っていますが，ドイツ政府からの旧東ドイツ地方への財政援助によってかろうじて統一国家として成立しているのです．さらに，イタリアでは経済力のある北部と経済的に劣る南部に分かれ，ドイツと同じく北部からの援助が相当額に上っています．それに嫌気をさした北部地域には南部との統一国家形成に異を唱え，北部の独立を志向する勢力も根強く存在しています．日本国内でも大都市圏とその他の地方圏とではかなりの経済力の格差，所得格差があり，それを中央政府による財政支出の形で援助を行っているのです．幸いにも日本の場合には，文化的な差異も少なく，世界的にみるとこの財政支援が何とか機能していることもあって，相互の反目，分離などの動きは見られません．

ユーロ圏について見ると，ドイツ，ベネルックス3国，北欧諸国など経済力が強い諸国と，経済力が相対的に劣るPIIGS諸国とが混在しています．PIIGS諸国の財政破綻でそれらの諸国の経済力が衰えると，通貨ユーロの価値が安くなり，比較的経済力の強い国（ドイツなど）はその恩恵を受けて輸出が好調となります．しかし，経済力の弱い国（ギリシャなど）にとっては，その安くなったユーロでも自国製品の輸出を増やせるほどは安くはなく（それほどこれらの国々の製品の国際競争力は弱い），経済はさらに弱まっていきます．当然経済力の劣る諸国は強い経済力の国々に経済援助を求めますが，強い諸国でも無制限に援助を続けられず，その結果，相互反発が強まり，さらにユーロ通貨は弱くなります．本来ならば，通貨が異なれば，弱い経済力の通貨はどんどん安くなり，その国の貧弱な製品でも国際競争力が出てきます（逆に強い通貨の諸国は通貨高となり輸出が弱まります）．この論理によって，弱い経済力の国も何とか破綻せずに済むはずですが，統一通貨のために，これは不可能となっています．

したがって，ドイツなどの強国からの援助が約束されていない限り，経済力の弱い国が統一通貨に参加することは極めて危険な行為であったはずです．しかし，南欧諸国では，統一通貨を使用することによる国際的な信認の高まりなどのメリットに当座目がくらんでしまい，実際には大きな経済格差がある国々が混在して統一通貨圏が形成されてしまったのです．そして，当初から内在していたこうした矛盾点が露呈された結果，今回の通貨危機が生じてしまったわけです．したがって，最終的にユーロ通貨を安定させるには，強国からの抜本

的かつ安定的な援助システムを確立することができるか，さもなければユーロから離脱するか，のいずれかの選択の途しかないのです．

注
1) こうした規制を大統領に提言したボルカー元 FRB 議長の名前を冠して，ボルカー・ルールと言われています．
2) 物価上昇への警戒感が特別強い中央銀行である ECB としては，1％を下回る政策金利の水準は許容範囲ぎりぎりの低水準と言って良いでしょう．

第19章　中央銀行の悩み
——成熟経済社会における中央銀行政策の意義と限界——

(1) 成熟した日本経済

　これまでの各章では，バブル経済崩壊後の日本とリーマン・ショック後の主要国を取り上げて，これら諸国の中央銀行による金融政策の内容や効果について論じてきました．これら諸国の金融政策に共通しているのは，長引く景気不況に対処するために，これまで経験してこなかったレベルの低金利政策を実施してきたうえに，量的緩和政策という非伝統的な政策領域にまで踏み込んでいる姿です．しかし，それでも容易に経済不況を脱することができずにいます．

　ここでは，最後に，前記のような事態を踏まえたうえで，日本を含めいわば成熟した先進経済諸国における金融政策は，今後どのようなものとなるか，その点について考えてみたいと思います．

　現在の日本経済は，財・サービスの供給能力水準（＝生産力）に比べて，実際の需要（＝購買力，購買意欲）が少なく，需給間に大きなギャップ（政府の推計で10-20兆円程度）が存在している状態となっています．この需給ギャップが物価面にも影響を及ぼし，デフレーションの原因ともなっています．

　このように日本経済が永らくデフレーションの下に置かれている背景を探れば，短期的な要因としては，リーマン・ショックの影響から欧米を中心とする外需（世界経済からの日本製品に対する購買意欲）が落ち込んだことが挙げられます．ショック以降時間が経過しましたが，ユーロ危機も重なり，またアメリカの経済の回復の歩みも遅れ[1]，ショック以前の状況には容易に回復しません．これが翻って，企業の生産意欲を盛り上げず，設備投資や雇用増に結びつかず，さらに個人消費を盛り上げないという内需低迷をもたらしているわけです．

　しかし，そうした短期的な要因が解消されたとしても，より根本的な背景としては，経済が成熟化し，人びとの財・サービス取得の願望はすでにかなりの程度満たされてきており，これから新たに需要が増加する余地がかなり限定されてきていることが挙げられます．政府による大胆な規制緩和が行われ，その

うえで，企業のイノベーション努力により新たな製品，サービスが提供されるようになれば，人びとの需要が大きく盛り上がる可能性もありますが，そうした事態の実現性にどの程度期待することができるでしょうか.[2]

さらに，日本は急速な勢いで少子高齢化が進展しています．戦後の日本社会のあり方を良きにつけ悪しきにつけリードしてきた「団塊の世代」も，65歳以上の高齢者の仲間入りをしつつある時期になっています．高齢化の進捗に伴い，医療や老人介護など一部分野の需要が盛り上がることは予想されますが，人口減少に伴い内需全般が急速な低下を辿ることはどうしても避けられません．前記のようなデフレ・ギャップの存在は，一時的な現象というよりも，少子高齢化という構造的な要因がすでに先取りされて明確に現れてきている現象ではないかと思われます．

(2) 中央銀行の悩み

構造的な要因を背景として大きな需給ギャップが存在する下では，金融政策による景気刺激（すなわち需要の拡大）の効果は，ほとんど期待できません．ゼロ金利政策に加えて量的緩和政策のような非伝統的政策を繰り出してきても，景気のさらに一層の落ち込みは回避することができるとしても，経済活動を大きく刺激することはできません（これに対して，人々のインフレ期待を高めることができれば需要を拡大することができるとするのが第15章で述べたインフレ・ターゲット政策です．2013年から同政策に踏み切った日銀は，最後の望みをこの政策に託したと言えるでしょう）．

かつての高度成長経済期には，政策金利（当時は公定歩合）のコントロール（上げ下げ）によって，需要の抑制・刺激は極めてスムーズに行われました．しかしこれは，日本経済が若く伸び盛りの経済であったからであり，基本的に需要が旺盛な経済であったからです．金利を上げることによって景気は抑制されますが，金融緩和に転じれば再び企業活動の勢いは盛り返してきました．どのような状況下であっても，経済の根底にある旺盛な需要が維持されていたからです．しかし，構造的に需要が減退しつつある経済では，金利を下げても（最終的にはゼロ金利にしても），さらには量的緩和によってどんなにマネーを供給しても，需要の大きさは回復しないのです．

このように考えると，日本経済に典型的に現れているように，高度成長期を経て少子高齢化が進展している成熟化した経済においては，金融政策に対して，

景気刺激・抑制政策としての効果を大きく期待するには無理があると言わざるを得ません．現状は，いずれの国の政府も財政赤字に悩み，財政政策が身動きをとれずにいるために，勢い金融政策に大きな期待がかかり過度の負担を強いている状況になっています．中央銀行サイドも可能な限り積極的な対策を採っていますが，これは景気刺激策としての効果を確信しているというよりも，金融不安を強く感じている金融機関の経営安定化を強くサポートする側面が大きいものであり，いわば公的資金の注入に近い役割を果たしています．さらには，オペレーションを通じて巨額の国債を保有することにより，政府財政を間接的にサポートしている行為であると考えられます．

とりあえずは金融政策で時間稼ぎをするにしても，その間に政府の適切な経済政策で抜本的な対応がなされるのが本来の姿ですが，財政悪化を口実に各国とも金融政策に全面的に依存するばかりで，しかもその効果が現れないことから，中央銀行政策のあり方や独立性そのものについても疑問が呈されている有り様です．しかし，中央銀行の独立性が侵され，その信認が失われると，その経済はいずれ激烈なインフレーションというさらに高価なペナルティが課されるように思われます．

いずれにしても，各国の現在の中央銀行政策は従来的なそれとは大きくかけ離れた姿になってきていることは否定できません．そして，デフレで悩む日銀を筆頭に，リーマン・ショック以降の国内需要の落ち込みに悩む先進主要国の中央銀行はいずれも，金融政策の本来の姿と現在強いられている役割との間のギャップに悩み，もがいていると言えましょう．

(3) 出口政策

また，膨大な資産を抱えている現在の中央銀行の姿が，今後どのようになっていくのか，今後どのような過程を経て正常化されていくのか，いわゆる出口政策が今後の国民経済上の極めて大きな課題となってくることは間違いなく，これも忘れてはならない点です．

今後，異例の非伝統的政策を続けても景気が回復に向かわないのも困ります（その時はさらに時間軸を延ばして政策続行を決断しなくてはなりません）が，いずれ何らかの過程を経て経済が正常化した暁には，同時に金利水準も上昇し，量的緩和政策も縮小方向に向けて行く必要があります．しかし，その時に中央銀行がその資産規模を一気に縮めバランス・シート規模の正常化を図ると，膨大な

資金を金融市場から奪うこととなり，かえってより大きな衝撃を経済に与える可能性があります．かと言って，いつまでも必要以上の資金を市場に供給し続けることは不要なインフレーションを引き起こしかねません．

とくに日本の場合，いまだデフレ経済からの脱却の実現の目途がたたず，むしろインフレ・ターゲット政策の導入によりさらに資金供給を拡大しようとする段階において，こうした点を懸念するのは時期尚早のように思われるかもしれません．しかし，これからの中央銀行は，いつの日にか到来するであろう出口をも展望しながら，極めて慎重に政策を選択していくことが求められているのです．

注
1) アメリカ経済の回復が遅れていたのは，日本のバブル経済崩壊後の1990年代に見られたのと同様に，巨額の負債を抱えた民間部門におけるバランス・シート調整圧力が大きく作用していたためであると言えます．2013年に入ってからは，株価がリーマン・ショック以前の水準に戻るなど一部に回復のきざしも見受けられますが，失業率は7％台で高止まりしており，経済全体の復調とまでは言えない状況です．
2) 一国の経済の中には生産性の高い部門と低い部門が混在しています．生産性の低い部門から高い部門に労働力や資金がスムーズに移転されれば，その国の経済は常に高い付加価値を生み出していけるのですが，日本経済が長く停滞してきたのは，90年代以降の金融機関の「貸し渋り」，リーマン・ショック，さらには東日本大震災などによって，所要の産業構造の転換が進展しなかったためであるとの考え方があります．今後は，企業の研究開発の進展，労働市場の改革などによって高生産性部門を強化する産業構造の転換が必要であるとする声が多く聞かれており，2012年末に成立した安倍政権による日本経済の競争力と成長力の強化に向けたいわゆる「成長力戦略」が，そうした成果をあげることができるかどうか，注目されるところです．

さらに学びたい方への推薦図書

　金融政策に関する書籍は非常に多いのですが，その多くは非常に高度な内容のものであったり，逆に，読み易いものの内容的にいかがなものかと思わざるを得なかったりするものが多いのが実情です．ここでは，本書を通じて金融政策に関心を持ち始め，次の段階に進んでさらに学んでみようと思っている方を念頭に，そのための適書と思われるものを選んでみました（ただし，狭く金融政策論に限定してはいません）．いずれも，最近出版され入手することが比較的容易であるものを選びました．

① 日本銀行金融研究所編『日本銀行の機能と業務』（有斐閣，2011年）
日本銀行の組織，機能，業務内容などについて，正確に，かつわかり易く解説しています．
② 鹿野嘉昭『第2版　日本の金融制度』（東洋経済新報社，2006年）
日本の金融制度，金融機関（日本銀行を含む）などについて詳細に解説を加えています．
③ 池尾和人『新版　現代の金融入門』（筑摩書房，2010年）
金融政策も含めたいくつかのトピックスを挙げて，現代の金融のありかたについて分かり易く解説しています．
④ 酒井良清・榊原健一・鹿野嘉昭『第3版　金融政策』（有斐閣，2011年）
金融政策の教科書として理解し易い記述で書かれており，本書の次の段階で読むのに適していると思われます．
⑤ 白川方明『現代の金融政策――理論と実際――』（日本経済新聞出版社，2008年）
長く日銀の金融政策の中枢を担っている筆者が著した金融政策の理論，実務両面にわたる大部な書です．金融市場関係者，金融政策の研究者のいずれの立場の者にとってもバイブル的な存在となっています．関心のある事項に焦点を当てて読むのが良いでしょう．
⑥ 翁邦雄『ポスト・マネタリズムの金融政策』（日本経済新聞出版社，2011年）
長く日銀の金融政策を理論面から支えてきた筆者が，これからの中央銀行政策のありかたについて論じています．
⑦ 加藤出『日銀は死んだのか？――超金融緩和政策の功罪――』（日本経済新聞社，2001年）
ややショッキングなタイトルですが，短期金融市場の実態を示して日銀の量的緩和政策の功罪について説得力のある議論を展開しています．やや年数が経っていますが，いまだに読まれるべき価値を持っている本の1つでしょう．

⑧ 田中隆之『金融危機にどう立ち向かうか——「失われた15年」の教訓——』（筑摩書房，2009年）

副題が示す通り，1990年代以降の日本の財政・金融政策を概観したものであり，現在に至るまでの日本の金融政策のポイントとその実際の施行過程などを把握するのに適しています。

⑨ 伊藤正直『なぜ金融危機はくり返すのか——国際比較と歴史比較からの検討——』（旬報社，2010年）

金融危機という現象を過去にさかのぼり，また国際的に比較して，その特徴をえぐり出し，そのうえで今次の世界金融危機の特質を改めて説明しています。大部なものではありませんが，中味の濃い書物です。

⑩ 小峰隆夫・村田啓子『第4版　最新／日本経済入門』（日本評論社，2012年）

金融政策を直接論じているものではありませんが，日本経済の問題点を分かりやすく解説してある良書です。日銀の金融政策が直面する日本経済の諸問題について理解するのに適しています。

なお，図書ではありませんが，いずれの国の中央銀行もインターネット上に自行のホームページを掲載しています。組織，歴史，政策決定のプロセスなど，その国の中央銀行制度について学ぶためには最適のツールになっており，また何よりも，金融政策をはじめとする最新の中央銀行政策の内容が詳しく，かつ正確に掲載されています（統計データもよく整備されています）。常時これを読んでいくことは，金融政策の学習のうえで不可欠でしょう。以下では，本書でも随時取り上げた主要4中央銀行のホームページを紹介します（ただし，使用言語は，日本銀行を除き英語が中心です）。

日本銀行（The Bank of Japan）〈http://www.boj.or.jp〉
連邦準備制度理事会（Board of Governors of the Federal Reserve System）〈http://www.federalreserve.gov〉
　　このほかに12の連邦準備銀行（Federal Reserve Banks）がそれぞれ独自のホームページを掲載しています。
イングランド銀行（The Bank of England）〈http://bankofengland.co.uk〉
ヨーロッパ中央銀行（The European Central Bank）〈http://www.ecb.int〉
　　このほかに，ユーロ通貨圏に属する諸国の中央銀行がそれぞれ独自のホームページを掲載しています。

索　引

〈アルファベット〉

BIS view　　105
BIS 規制　　168
FRB view　　105
FRB の量的緩和政策(QE)　　177
PIIGS 諸国　　175, 182

〈ア　行〉

新たな金融政策運営の枠組み　　152
イールド・カーブ　　77
1 ドル＝360円　　101
イングランド銀行　　5, 7
インターバンク金利　　28, 46, 64
インターバンク市場　　41
インターバンク短期金融市場　　68
インフレ・ターゲット政策　　143
インフレーション　　83, 86, 96
インフレ期待　　144
失われた10年　　114
失われた20年　　87
円キャリー取引　　121
円高　　91
円安　　91
オイル・ショック　　99
欧州安定メカニズム　　181
欧州金融安定基金　　181
大きすぎてつぶせない　　167
オーストラリア準備銀行　　43
オーバーナイト金利　　66, 68, 70
オーバーナイト物　　71
　　──取引　　68
　　──取引金利　　86
オファー　　71, 130
オペレーション　　71

〈カ　行〉

外貨準備高の天井　　98
外国為替資金証券　　57
外国為替資金特別会計　　57
外国為替市場への介入　　56
外生的貨幣供給論　　129, 134

買現先オペ　　71
貸し渋り　　114, 116
貸倒引当金の計上　　109, 111
貸付金　　18
貸し剥がし　　114, 116
価値尺度の機能　　31
価値の交換手段の機能　　31
価値の蓄積手段としての機能　　31
貨幣の3つの機能　　31
借り渋り　　120
管理通貨　　34, 37
企業金融支援特別オペレーション　　135
議決延期請求　　122, 125
逆イールド・カーブ　　78, 80
競争条件の公平化　　169
競争制限的規制　　161
銀行券　　9, 12, 48
　　──需要　　35
　　──の一般的受容性　　31, 33
　　──の還収　　61
銀行の銀行としての機能　　30, 39
金本位制　　33, 37
銀本位制　　33, 37
金融機関再生法　　114
金融機関早期健全化法　　114
金融機関のプルーデンス政策　　156, 160
金融規制改革法　　177
金融検査　　162
金融市場調節方針　　70, 71
金融政策　　3, 82
　　──決定会合　　15, 70, 72, 73
　　──のジレンマ　　88
　　──の目標　　126
金融調節　　46, 65
金融当局　　162
金融派生商品　　176
金利体系　　77
経営破綻　　113
景気増幅効果　　169
経済安定のための九原則の勧告　　96
考査　　14, 16, 52
洪水のような輸出攻勢　　101

公定歩合　76, 86, 102, 106, 114, 115
公的資金の注入　114, 164, 166
高度経済成長　86, 97
コール取引　68
国債　18
国際決済銀行　168
国立銀行　9
コスト・プッシュ・インフレーション　92
護送船団方式　162
国会の同意　92
国庫金　15
　――事務　54
国庫納付金　13
固定金利方式・共通担保資金供給オペレーション　135
コンピューター2000年問題　128

〈サ　行〉

債券の証券化　173
債券の流動化　174
最後の貸し手機能　66, 164
財政赤字　81
財政活動　53
財政支出　53
財政収入　53
裁定　78
財テク　103, 108, 120
債務超過　111
サブプライム・ローン　173
3C　97, 100
三種の神器　97, 100
時価の上昇　106
時間軸政策　129, 150
資金需給判断　52, 65
自己査定　163
自己資本　110
　――比率　110
　――比率規制　162, 168
資産インフレーション　104
資産買入等の基金　137, 149
資産価格の上昇　102, 104
事前的措置　161
実質金利　120
指定金融機関　15
資本決済　41

借用金　18
住宅担保ローン債権　174
需給ギャップ　85, 185
出資金　110
出資証券　20
準備預金　42
　――額　127, 135
　――制度　43, 74
　――制度に関する法律　43
　――の積み期間　43
償却　110, 111
少子高齢化　185
商品貨幣　32
審議委員　11, 73
信用貨幣　37
信用収縮　116, 175
信用乗数　51
信用通貨　37
スウェーデン国立銀行　5
スターリング・ポンド　29
税揚げ　61
政策金利　78, 86, 114, 117, 126
清算　166
成長基盤強化支援のための資金供給　137
政府紙幣　9
政府預金　15, 54
セーフティ・ネット　167
石油輸出国機構　99
説明責任　144
ゼロ金利政策　115, 117-119
　――の解除　119
早期是正措置　163
増資　164

〈タ　行〉

第1次オイル・ショック　99, 100
第2次オイル・ショック　100
第2次世界大戦　95
太平洋戦争　95
第4次中東戦争　99
太政官札　15
短期金融市場　41
短資会社　69
箪笥預金　37
中央銀行預け金　18

索引 193

中央銀行当座預金　48
中央政府の銀行としての機能　30
中長期的な物価安定の目途　147, 153
中長期的な物価安定の理解　147, 153
超過準備預金額　127
長期金利　79, 85, 152
長期的な物価目標　147, 155
朝鮮戦争　97
朝鮮特需　97
通貨創造　23
通貨特権　13, 23
テイクオフ　97
ディマンド・プル・インフレーション　92
出口政策　186
デフレーション　83, 84, 120, 141, 143
デフレ経済　117
デフレ懸念の払拭　117, 125, 150
伝統的手法　118, 128
ドイツ連邦銀行　5, 89, 92, 179
当座預金　18, 27
　──残高　127, 128
投資が投資を呼ぶ　98
土地関連3業種　106
土地関連融資の総量規制　106
土地神話　103
ドッジ・ライン　96
ドットコム・バブル　119
ドルと金との交換性の停止　101

〈ナ 行〉

内生的貨幣供給論　139
内部留保　110, 169
ニクソン・ショック　101, 104
日銀考査　162
日銀当座預金　14
日銀特別融資　165
日本銀行　5, 9
　──券　12
　──政策委員会　11, 72
　──総裁　11, 73
　──法　10, 12
日本債券信用銀行　114, 166
日本振興銀行　166
日本長期信用銀行　114, 166
入札　71, 131

ニューヨーク連銀　6
ノーザンロック銀行　175, 177

〈ハ 行〉

バーゼルⅠ　171
バーゼルⅡ　171
バーゼルⅢ　176
バーゼル規制　168
バーゼル銀行監督委員会　168
ハイパワード・マネー　19, 49
バランス・シート　17
発券銀行としての機能　30
発行銀行券　19
バブル経済　102, 104, 105
　──の崩壊　116
バランス・シート規制　162, 168
バランス・シート調整問題　108
東日本大震災　138
非伝統的政策　143
非伝統的な金融政策手法　128
フィリップス曲線　88, 89
不信の連鎖反応　159
不胎化　57
札割れ　131
物価安定の目標　148, 153, 154
物々交換　31
プラザ合意　101
フランス銀行　5
不良債権の処理　109, 111
ペイオフ　166
米ドル資金供給オペレーション　136
ベース・マネー　19, 49, 50, 126, 128, 129
ベトナム戦争　101
ベルギー国立銀行　5
法貨　12, 30
包括的な金融緩和政策　135, 136
法定準備預金額　126, 127, 135
ポートフォリオ・リバランス　132
補完当座預金制度　140
補助貨　12
ボルカー・ルール　183

〈マ 行〉

マイナス金利　123
マネー・サプライ　49

――統計　50
マネー・ストック　49, 50, 128, 129, 132
　　――統計　50
右肩上がり　103
3つの通貨　48
無担保貸出　165
無担保コールレート　70, 71
　　――・オーバーナイト物　114, 117
モラル・ハザード　167

〈ヤ　行〉

ゆうちょ銀行　76
誘導目標　115
ユーロ危機　175, 180
ヨーロッパ中央銀行　5, 7, 90, 178
預金(の)取り付け　37, 42, 115, 159, 175
預金準備率　74, 75
預金通貨　49
預金保険　165
　　――料率　165
翌日物取引　68
予想インフレ率　78, 81, 92

〈ラ　行〉

リーマン・ショック　135, 175
リーマン・ブラザーズ　135, 167, 170, 173, 175
利鞘　23
リスク　157

　　――・ウエイト　168
　　――資産　168
　　――・プレミアム　78, 81, 152
価格――　157
貸倒れ――　157
為替――　157
金利――　157
経営――　157
決済――　157, 158
システム――　157
事務――　157
信用――　157
ソブリン――　157
地政学上の――　157
ヘルシュタット・――　158
流動性――　157, 159
流動性　50
　　――の罠　123
量的緩和政策　125
レバレッジ　176
レポオペ　72
連合国軍最高司令部　96
連邦公開市場委員会　6, 72, 73
連邦準備銀行　6
連邦準備制度　5, 43
　　――理事会　5, 73
　　――理事会議長　6
ロイヤル・バンク・オブ・スコットランド　175

《著者紹介》
熊 倉 修 一（くまくら しゅういち）
　1977年，東京大学経済学部を卒業．
　同年，日本銀行に入行し，札幌支店次長，考査役などを歴任．
　この間，東京外国語大学客員教授，お茶の水女子大学客員教授などを務める．
　2009年，大阪経済大学経済学部教授に就任（金融政策論を担当）．
　経済学博士．

主要業績
　『日本銀行のプルーデン政策と金融機関経営』（白桃書房，2008年），
　『現代の金融市場』（共著，慶應義塾大学出版会，2009年），
　「欧米主要国における金融規制監督制度の改革と中央銀行プルーデンス政策の
　　行方」（中央大学企業研究所『企業研究』，第19号，2011年），ほか多数．

中央銀行と金融政策

| 2013年4月30日　初版第1刷発行 | ＊定価はカバーに |
| 2019年4月15日　初版第2刷発行 | 　表示してあります |

著　者　　熊　倉　修　一　ⓒ
発行者　　植　田　　　実
印刷者　　江　戸　孝　典

発行所　株式会社　晃　洋　書　房
　　〒615-0026　京都市右京区西院北矢掛町7番地
　　　電話　075(312)0788番(代)
　　　振替口座　01040-6-32280

印刷・製本　㈱エーシーティー

ISBN978-4-7710-2430-4

JCOPY 〈(社)出版者著作権管理機構 委託出版物〉
本書の無断複写は著作権法上での例外を除き禁じられています．
複写される場合は，そのつど事前に，(社)出版者著作権管理機構
（電話 03-5244-5088, FAX 03-5244-5089, e-mail: info@jcopy.or.jp）
の許諾を得てください．

スコット・ラッシュ，ジョン・アーリ 著
安達智史 監訳
フローと再帰性の社会学
——記号と空間の経済——
A 5 判 368頁
定価 4,500円

藤原秀夫 著
マクロ金融経済学の転換と証券市場
——信用と貨幣の創造——
A 5 判 336頁
定価 3,800円

大西勝明・小阪隆秀・田村八十一 編著
現代の産業・企業と地域経済
——時速可能な発展の追求——
A 5 判 260頁
定価 2,900円

十名直喜 著
企業不祥事と日本的経営
——品質と働き方のダイナミズム——
A 5 判 240頁
定価 2,600円

田中恒行 著
日経連の賃金政策
——定期昇給の系譜——
A 5 判 224頁
定価 3,000円

高橋信弘 編著
グローバル化の光と影
——日本の経済と働き方はどう変わったのか——
A 5 判 264頁
定価 2,600円

バーリ・ゴードン 著，村井明彦 訳
古代・中世経済学史
A 5 判 242頁
定価 2,800円

朴哲洙 著
21世紀型新民富論
——包容巨視経済社会と多様性に向けて——
A 5 判 228頁
定価 3,000円

佐々木信彰 編著
転換期中国の企業群像
A 5 判 224頁
定価 2,800円

金子邦彦 著
現代貨幣論
——電子マネーや仮想通貨は貨幣とよべるか——
A 5 判 164頁
定価 2,200円

晃洋書房